보석

보석

지은이 | 김양재
초판 발행 | 2013년 7월 10일
25쇄 발행 | 2023. 10. 31
등록번호 | 제3-203호
등록된 곳 | 서울특별시 용산구 서빙고동 95번지
발행처 | 사단법인 두란노서원
영업부 | 2078-3333   FAX 080-749-3705
출판부 | 2078-3477

책 값은 뒤표지에 있습니다.
ISBN 978-89-531-1946-8 03230

편집부에서 독자의 의견을 기다립니다.
tpress@duranno.com   http://www.Duranno.com

두란노서원은 바울 사도가 3차 전도여행 때 에베소에서 성령 받은 제자들을 따로 세워 하나님의 말씀으로 양육하던 장소입니다. 사도행전 19장 8-20절의 정신에 따라 첫째 목회자를 돕는 사역과 평신도를 훈련시키는 사역, 둘째 세계선교(TIM)와 문서선교(단행본·잡지) 사역, 셋째 예수문화 및 경배와 찬양 사역, 그리고 가정·상담 사역 등을 감당하고 있습니다. 1980년 12월 22일에 창립된 두란노서원은 주님 오실 때까지 이 사역들을 계속할 것입니다.

김양재의 묵상 잠언집

보석

고난이 보석이다

김양재 지음 이성표 그림

두란노

하나님은 고난을 통해
우리를 보석으로 빚어 주신다

　하나님은 인생의 중요한 때마다 저를 말씀으로 인도하셨습니다. 모태신앙이었던 제가 힘든 결혼생활을 통해 주님을 인격적으로 만나고, 목사가 되어 수많은 성도를 섬기고 있는 지금까지 30여 년간 하루도 빠지지 않고 말씀을 묵상한 것은 '살기 위해서'였습니다. 하루라도 말씀을 붙들지 않으면 제게 허락하신 삶의 고통을, 십자가의 무게를 감당할 수 없었기 때문입니다. 그렇게 말씀이 교과서가 되고, 성령이 스승 되며, 환난이 주제가 되어 날마다 말씀을 묵상하다 보니 그 속에 담긴 하나님의 마음이 더 잘 깨달아졌고, 그것을 다른 사람들에게 전하지 않을 수 없었습니다. 제 안에만 담아두기엔 말씀의 은혜가, 제가 받은 구원의 가치가 너무나 컸기 때문입니다.

　제 나이 37세 때 하나님은 남편을 하루아침에 천국으로 데려가셨습니다. 그 후 하나님의 인도하심으로 평신도로서 여러 큐티 모임을 인도하게 하셨고, 나중에는 전혀 생각지 못했던 교회도

개척하게 하셨습니다. 내가 살기 위해 시작한 말씀 묵상이 죽어가는 사람들을 살리고 수많은 가정을 회복시키는 역사를 보게 하셨습니다.

우리들교회는 영혼 구원을 최고의 가치로 아는 교회, 믿음이 왕 노릇 하는 교회, 말씀 앞에 온 교인이 죄를 고백하는 교회입니다. 빚진 자, 원통한 자, 환난당한 자들이 모인 우리들교회에서는 유치부부터 장년부까지 온 교인이 같은 말씀으로 매일 큐티합니다. 그러다 보니 목장모임과 교회 각 부서모임은 물론, 결혼식에서도, 장례식에서도 그날 본문으로 축복하고 위로하며, 처방도 농담도 그날 말씀으로 하는 것이 지극히 자연스러운 일입니다. 모두가 말씀에 뿌리를 둔 '한 언어'를 쓰기 때문입니다. 그래서 큐티를 하지 않는 사람은 스스로 왕따(?)를 자처하는 것과 마찬가지입니다.

이처럼 말씀을 사모하는 우리들교회 교인들이 설교에서 은혜

받은 구절들을 인용하다 보니 급기야 '우리들교회 어록'이 생겨났고, 이것이 믿지 않는 자들은 물론 믿는 성도들에게서도 기이히 여김을 받을 때가 많은 것 같습니다. 때론 긴 설교보다 하나님의 마음을 대변하는 단 한마디의 울림이 더 클 때도 있나 봅니다. 그러나 이 '어록'은 결코 제 지혜에서 나온 말이 아닙니다. 하나님의 말씀을 묵상하며 그 말씀대로 살기 위해 몸부림칠 때 주신 하나님의 지혜였습니다.

지금 나와 내 가족이 고통 중에 있습니까? 인생에 닥친 절체절명의 위기 가운데 어찌할 바를 알지 못해 괴롭습니까? 내 죄를 밝히 드러내 주는 말씀이 우리에게 없다면 사건을 허락하신 하나님의 뜻을 알지 못한 채, 나의 죄와 연약함을 직면하지 못한 채 평생 두루뭉술하게 살아갈 수밖에 없습니다. 그러나 하나님의 말씀 앞에서 잠잠히 내 죄와 연약을 인정하고 회개할 때 내가 할 수 없는 것을 하나님이 하십니다. 그래서 문제가 있는 것이 문제가 아니고, 문제가 없는 것이 문제가 있는 것입니다. 엄청나게 뜨거운 열과 엄청난 압력을 받아 탄생한 다이아몬드가 깎일수록 영롱하게 빛나는 것처럼, 하나님의 원석인 여러분의 고난도 깎일수록, 환경에 의해 닦일수록 찬란하게 빛날 것입니다.

  우리가 의지할 수 있는 유일한 치유자는 예수님입니다. 말씀보다 강력한 치유의 능력을 가진 것은 없기 때문입니다. '힐링'이 난무하는 시대에 하나님의 말씀으로 여러분의 지친 영혼이 위로받기를, 예수님을 만나 진정으로 치유되기를 기도합니다. 또한 저와 우리들교회 성도들의 눈물의 고백이 담긴 이 책을 통해 각자 처해 있는 위기가 복된 기회로 바뀌기를 예수님의 이름으로 축원합니다.

2013년 7월

김양재

차례

프롤로그 …4

PART 1   고난이 보석이다 12

PART 2   우리는 백퍼센트 죄인이다 40

PART 3   문제아는 없고 문제부모만 있다 76

PART 4   있으면 먹고, 없으면 금식하고, 죽으면 천국 가자! 106

PART 5 　가족은 영혼 구원을 위해 묶어 주신 공동체다 142

PART 6 　사람은 믿음의 대상이 아니라 사랑의 대상이다 176

PART 7 　내 인생은 내 삶의 결론이다 210

PART 8 　인생의 목적은 거룩이다 246

PART 1

고난이
보석이다

나는 참 시시한 사람입니다.
시시하게 살다가 시시하게 죽을 뻔했습니다.
나 혼자 잘 살아보겠다고 대학에 가고, 시집을 갔습니다.
광야가 너무 싫어서 결혼을 했는데
거기에는 신광야가 펼쳐져 있었습니다.
경제적, 정신적으로 사방에 보이는 것이 없고
꽉 막힌 환경이었습니다.
그러나 그랬기에 저의 눈이 주께로 향했습니다.
사방에 보이는 것 없는 환경,
피할 길 없는 고난의 환경이 축복의 땅이었습니다.

고난을 당하면
자기 수준을 알게 됩니다.

세상의 모든 좋은 환경보다
하나님 안에서 나쁜 환경이 오히려 축복입니다.

문제가 없으면 문제가 있는 것이고
문제가 있으면 문제가 없는 것입니다.
문제가 보석입니다.

나에게 감사가 없다면 광야로 나아가야 합니다.
감사를 모르는 편안한 환경이 좋은 환경이 아닙니다.

하나님이 특별히 쓰시고자 하는 사람에게는
특별한 준비를 요구하십니다.
에스겔은 '멸시받다'라는 뜻의 이름을 가진
제사장 부시의 아들이었지만
하나님이 특별히 쓰시는 사람이 됐습니다.
하나님이 특별히 쓰시려고 특별히 말씀이 임하게 하셨습니다.
강퍅한 남편을 붙이셨습니까.
시부모님을 붙이셨습니까.
사장을 붙이셨습니까.
하나님이 나에게 특별한 준비를 요구하시는 것입니다.
'하나님이 나를 특별히 쓰시겠구나! 할렐루야!'입니다.

성도에게 가장 위험한 때는 승리의 순간입니다.
승리의 순간에 가장 힘든 유혹이 찾아옵니다.
날마다 은혜를 구하며 하나님의 말씀에 붙잡혀 있지 않으면
승리한 그 순간에 넘어지게 됩니다.

나의 탐욕에 하나님이 극렬한 분노를
행하신다면 거기에 감사해야 합니다.
그래서 이 땅에서 저주를 받고
돌로 침을 당하고 불사름을 당한다면
나의 아골 골짜기가 소망의 문이 됩니다(호 2:15).
이 땅에서 불사름을 당하는 것이 축복입니다.
예수를 안 믿는데 이 땅에서 망하지 않고 사는 것은
저주입니다.

인생은 지나 보지 않은 길을 가는 것이기에
항상 새로운 은혜가 임하지 않으면
또 실패하게 됩니다.
날마다 새로운 은혜가 임해야 합니다.
날마다 하나님의 말씀을 붙잡아야 하며,
아침마다 새롭고 늘 새로우신 주님의
성실과 인자를 경험해야 합니다.

정화조가 없는 집은 하나도 없습니다.
정화조를 잔디로 덮었나, 안 덮었나가 그 차이입니다.
우리는 다 똑같은 죄인입니다.
고백하는 죄인과 고백하지 않는 죄인의 차이가 있을 뿐입니다.

나에게 끊임없는 영적 전쟁이 오는 것은
죄책감을 느낄 일이 아니라 내가 살아 있다는 증거입니다.
종류가 다른 영적 싸움이 날마다 찾아온다면
내가 잘 걸어가고 있다는 신호로 알고 감사해야 합니다.

예수님을 믿는다고 사건이 안 오고,
안 믿는다고 오는 것이 아닙니다.
믿거나 안 믿거나 똑같은 사건들이 우리에게 오고갑니다.
그러나 어떤 전쟁도 믿는 우리에게는
축복을 이루어 가는 전쟁이 되고,
하나님을 모르는 이들에게는
심판을 이루어 가는 전쟁인 것입니다.
복음으로 세상 가나안을 점령해 가는 영적 전쟁에서
나의 전쟁이 축복의 전쟁인가 심판의 전쟁인가는
몇 사람을 전도하느냐, 못하느냐에 달려 있는 것이 아닙니다.
가족을 전도하지 못하고, 안 믿는 사람들에게 공격과 핍박을
당한다고 해도 우리는 축복의 전쟁을 치를 수 있습니다.
숱한 전쟁을 치르면서 내 속의 세상 세력,
내 속의 죄의 세력이 진멸되기 때문입니다.
상대방이 변하지 않아도, 환경이 변하지 않아도
하나님은 내 욕심과 거짓을 처리해 주시기에
축복의 전쟁입니다.

가장 힘든 원수의 실체는 나 자신입니다.

예수님은 '자살'을 '살자'로 바꿔 주십니다.

주님이 쓰시겠다고 하면
어떤 사건도 주님이 쓰시는 사건이 됩니다.

오늘 잘못한 일로
오늘 수치를 당하는 것이
수준 높은 사람입니다.

내가 고난당할 때 최선의 위로는
나의 고난을 통해
하나님의 사역을 하게 하시는 것입니다.

하나님은 우리가 못하는 것을
하라고 하지 않으십니다.
우리의 연약함을 무시하지 않으십니다.
공부 못하는 사람에게 잘하라고 하지 않으십니다.
돈 못 버는 사람에게 돈 벌라고 하지 않으십니다.
인간은 누구도 완전할 수 없고,
하나님의 명령을 100% 이행할 수도 없습니다.
우리의 불완전함과 연약함을 아시는 하나님은
삼손을 따끔하게 혼내셨지만 그래도 마지막에
힘을 주셨습니다.
나의 연약함을 정죄하지 마세요.
내가 무능하다고 자책하지 마세요.
나는 부족하고 형편없지만 하나님은 나로 인해 실패하지 않으십니다.

나는 내 고난을 택할 수 없습니다.
나의 고난은 하나님이 알맞게 주신 것입니다.
누구든지 육이 무너지지 않으면 영이 세워질 수 없기에
하나님이
'이 사람한테는 자녀 고난이,
이 사람한테는 돈 고난이,
이 사람한테는 남편 고난이,
이 사람한테는 병 고난이 필요해' 하고
알맞게 주신 것입니다.

고난이 없다고 자랑하지 마세요.
예수님을 안 믿는데
하는 일마다 잘 되고
고난 없는 인생을 살고 있다면
그것은 두려운 일입니다.
죄를 잔뜩 짓고 사는데
들키지도 않고 무사히 넘어간다면
불행 중 다행이 아니라
불행 중 불행입니다.

바로는 이스라엘 백성을 괴롭혔던 애굽의 왕입니다.
그런데 성경을 보면 하나님께서 바로를 세우셨다고 합니다.
왜 세우셨습니까?
이스라엘의 구원을 위하여 바로를 세우셨습니다.
하나님께서 바로를 허락하신 이유는 우상 숭배와 죄에 빠져 있던
이스라엘 백성을 돌이키시기 위해서입니다.
바로가 강퍅하게 나올수록 하나님은 더 큰 기사와 이적을
보이셔서 이스라엘의 출애굽을 이루셨습니다.
강퍅한 바로 때문에 하나님의 능력과 사랑이
더욱 나타나게 되었습니다.
하나님은 내 죄를 깨닫고 긍휼을 알게 하시려고
우리 인생에 강퍅한 바로를 허락하십니다.
바로 같은 남편, 자녀, 시어머니, 직장 상사를 허락하셔서
내가 하나님의 긍휼 없이는 살 수 없는 존재인 것을
깨닫게 하십니다. 이것이 바로의 역할입니다.
그러니 우리는 내 옆의 바로에게 감사해야 합니다.
만약 저에게 힘든 시집살이와 결혼생활 13년이 없었으면
지금 이렇게 사역을 했겠습니까?
웬 은혜로 바로 같은 남편을 허락하셔서 하나님의 긍휼을
깨닫게 하셨습니다.

내가 십자가 지고
이타적인 삶을 살아야 하는데
그렇지 않으니까
자식이,
남편이,
환경이
수고를 끼치는 것입니다.

한 고난을 10년 이상 당하면
하나님께서 나의 뿔을 높여 주십니다.
그 이유는
그 고난을 통해 예수님을 만났기 때문입니다.

하나님을 믿는 우리도 넘어질 수 있습니다.
그러나 우리가 넘어지는 것은
완전히 망하는 것이 아니고 과정입니다.
이스라엘이 넘어진 것은
구원이 이방인에게까지 이르기 위한 과정입니다.
실패와 넘어짐의 고난을 통해 우리는
하나님의 뜻을 더 깊이 깨닫고 성숙해집니다.
그래서 내가 믿음으로 잘 서있게 되면
내 옆의 사람들까지 부요해집니다.
내가 암에 걸려서 넘어져도
천국의 확신을 가지고 평안한 모습을 보이면
힘들어하던 식구들이 부요해집니다.

믿음은 죽을 때까지

자존심을 내려놓는 것입니다.

교회의 부흥은
교단이나 교파, 목사의 능력으로 되는 게 아닙니다.
고난 속에서 믿음을 지키고, 자신이 당한 고난으로 그리스도를
증거하는 성도들이 모일 때 교회는 저절로 성장하게 돼 있습니다.
나 한 사람의 고난이 교회를 살립니다.
나 한 사람의 눈물의 기도가 죽어가는 수많은 영혼을 살립니다.
지금 고난 속에 있는 당신이야말로
능력 있는 그리스도의 일꾼입니다!

내 삶에 주님의 통치가 필요함을 인정하는 것이
믿음의 시작입니다. 그 시작을 위해 주님은 기적이 아닌 고통을
내 삶에 허락하십니다. 부르심이 있는 인생이라면
고통스러운 사건이 찾아온 것을 슬퍼하지 말고 도리어
기뻐해야 합니다. 고통 속에서 나와 동행하시는
주님의 인도하심을 발견하게 되기 때문입니다.
그래서 고통과 슬픔의 사건은 나와 함께 가고자 하시는
하나님의 깊은 배려이고 사랑입니다.

선택할 수 없다는 것을
인정하는 것이 가장 잘 사는 비결입니다.

내 고난이 다른 사람을 살리는
약재료로 쓰여야 합니다.

줄 것만 있는 인생을 사시기 바랍니다.

느디님은 여호수아 시대 이후 이스라엘의 종이 된 사람들입니다. 성전에서 허드렛일을 하는 종으로 살다가 이스라엘이 바벨론 포로로 잡혀가면서 함께 포로가 됐습니다. 사실 느디님 입장에서 보면 바벨론 포로가 된 것이 일종의 신분 세탁이 된 셈입니다. 그러니 포로기가 끝나고 예루살렘으로 귀환할 때 돌아오기가 싫지 않았을까요? 이스라엘로 돌아오면 다시 종노릇을 해야 하는데 돌아오고 싶었을까요? 그런데 느디님 사람들이 1, 2, 3차 포로귀환을 거쳐서 모두 돌아왔습니다. "악인의 장막에 사는 것보다 내 하나님의 성전 문지기로 있는 것이 좋사오니"(시 84:10) 하고 예루살렘으로 돌아왔습니다. 왜 돌아왔겠습니까. 이들은 가나안 족속을 진멸하는 이스라엘의 정복전쟁에서 포로 신분으로 살아남았습니다. 죽을 수밖에 없는 상황에서 은혜로 겨우 살아남았습니다. 그렇게 '나 같은 죄인 살리신 주 은혜'를 경험했기에 예루살렘을 사모하며 돌아왔습니다. 자손 대대로 종살이를 하더라도 하나님의 성전을 섬기는 것이 가장 큰 복이라는 걸 부인할 수 없는 것입니다.

느디님처럼 출신이 형편없고, 부모가 형편없고, 돈이 없고 '백'이 없어도 하나님의 성전을 사모하는 그 마음이 요새가 되어 나를 지켜 줍니다. 느디님이 종의 신분으로 하나님의 전을 사모한 것처럼, 가난하고 형편없는 환경이 하나님의 전을 사모하게 하는 요새가 됩니다. 내세울 것 없는 부모, 내세울 것 없는 학벌이 하나님의 전을 사모하도록 나를 지켜 주는 요새입니다. 돈이 없어서 세상으로 못 나가고, 갈 데가 없어서 집에서 기도하고 성경 보는 것이 나와 자녀들을 지켜 주는 요새입니다.

PART 2

2
우리는 백퍼센트 죄인이다

사람은 죄 덩어리이기 때문에
죄를 지으려고 결심할 필요조차 없습니다.

내 힘으로, 내 능력으로, 내 꾀로
이 세상에서 허사와 간사함을 경영해 왔던
나 자신이
하나님 자리에 앉아 우상 노릇을 해온
죄인 중의 괴수임을 깨닫기 바랍니다.

죄는 하나님을 진노케 합니다.
왜 하나님이 진노하십니까?
우리가 죄 때문에 받는 고통이
너무 크기 때문입니다.
예수께서 달리신 십자가 위의 비참한 그 모습이
바로 우리 죄의 모습입니다.
예수님을 박은 못이 30센티미터인데
손바닥에 박으면 손이 찢어지니까
손목에 박고 발목에 박았습니다.
죄는 그렇게 비참하고 아픈 것입니다.
고통스러운 것입니다.

가장 확실한 지식은 내가 약하다는 것,
내가 아무것도 할 수 없다는 것을 확실하게 아는 것입니다.
내가 약하니까 나를 믿지 않게 되고
하나님께로 신뢰가 옮겨지는 것입니다.

**내가 비천함을 자각해야
만세에 복이 있습니다.**

죄는 용서받을 수 있지만
하나님은 내가 그 죄를
정복하기 원하십니다.
죄를 내쫓기 원하십니다.
죄를 내쫓아야 그 자리에
성령의 열매가 맺히기 때문입니다.
죄를 고백하고 나서 혹시
'내가 간증했더니 다들 나를 무시해' 하는
생각에 사로잡혔습니까?
그것이 정죄감입니다.
십자가에서 모든 죄가 처리된 것을
믿지 못하는 것입니다.
자백은 했는데 여전히 굴에 숨어서
수치심과 정죄감을 껴안고 있으면
열매를 맺을 수 없습니다.

간증은 내가 죽고 회개하여
구원의 주체이신 하나님을 찬양하는 십자가의 노래입니다.

스스로 죄인이라고
고백하는 이들의 모임보다
아름다운 공동체는 없습니다.

어느 일간지 기사를 보니 가장 돈이 되는 말은
'I'm sorry'라고 합니다.
경제적으로 잘사는 사람과 못사는 사람을 대상으로
설문 조사를 했는데 고액 연봉자들이 저소득층 사람들보다
사과를 잘한다고 나왔습니다. 자신의 잘못에 대해 미안하다고
사과하는 비율이 고액 연봉자는 92%, 저소득층은 52%입니다.
자신에게 잘못이 없다고 생각할 때도 먼저 사과를 하는 경우는
고액 연봉자가 22%, 저소득층은 13%입니다.
또 독신자, 이혼자에 비해 결혼한 사람들이 사과를 잘한다고 합니다.
항상 성경적 원리에서 출발하는 것이 성공의 비결인 것을 알 수
있습니다. 자기 잘못을 인정하는 사람, 자신의 실수에서 뭔가를
배우려고 하는 사람이 어떤 분야에서건 성공할 수 있습니다.
돈이 많고 적고를 떠나서 '미안하다'는 말을 못하는 이유는
자기 열등감 때문입니다.
설문 결과를 분석한 전문가에 따르면,
성공한 사람들이 사과를 잘하는 이유는 사과하는 것이
경력에 흠이 안 된다고 생각하기 때문입니다.
자존감과 자신감을 가진 사람이 '미안하다'는 말도
잘할 수 있습니다. 열등감과 자존심 때문에
잘못을 하고도 미안하다는 말을 못하는 것입니다.

은밀히 이루어지는 죄의 진행은
우리를 죽음으로 이끌어 갑니다.
죄의 결과는 사망입니다.
죄의 실체를 알고 죄의 진행을 막으려면,
하나님 앞에 회개하고 엎드리는 것밖에는
방법이 없습니다.
내가 엎드릴 때 하나님의 엑스레이가 나를 비추고,
내 속의 더러운 죄를 훤히 드러나게 하십니다.

자신의 추함과 무능함을 드러내는 것이
하나님을 자랑하는 것입니다.

거짓말을 하고 나면
그 거짓말 때문에
수고하는 삶을 살게 됩니다.

내 죄에 대해
심각하지 않은 사람이
구약의 하나님을
잔인하다고 합니다.

예수님을 믿는 사람은
도덕의 기준이 높기 때문에
사소한 죄라도
드러나게 됩니다.

누구에게나 사랑의 감정이 생길 수 있습니다.
이미 결혼한 사람인데 나도 모르게 감정을 갖게 될 수 있습니다.
하지만 가정은 하나님이 맺어 주신 공동체이기 때문에
내가 간음을 할 수 없는 겁니다.
누군가를 미워할 수 있습니다.
죽이고 싶을 정도로 미워하고 그 사람이 없어지기를 바랄 수도
있습니다. 그래도 그 사람이 하나님의 생명이기 때문에 살인을
못합니다. 하나님을 모르는 사람이 간음을 하고 살인을 하는 것은
어쩔 수 없는 일입니다. 인간이 죄인이기 때문에 막을 수가
없습니다. 하지만 하나님을 만난 사람, 하나님을 사랑하는 사람은
죄를 짓고 싶어도 지을 수가 없습니다. 율법이 강력해서 죄를
안 짓는 게 아닙니다. 사랑이 율법을 지키게 합니다.
배고픈 사람은 남의 배고픔을 돌아볼 겨를이 없습니다.
내가 사랑으로 배 불러야 다른 사람의 배고픔도 돌아보게 됩니다.
이웃을 내 몸같이 사랑하려면
내 몸에 대한 하나님의 사랑을 뼈저리게 느껴야 하고,
그 사랑이 내게 채워져야 음욕과 미움을 물리칠 수 있습니다.

믿는 이들의 대표적인 악은 죄책감과 남을 비방하는 것입니다.

많은 사람이 악을 행한 후에 그 보상심리로 경건을 가장합니다.

종교적인 열심은 크면 클수록 악입니다.

**내가 버리지 못하는 습관과 게으름이
복음의 본질을 왜곡시킵니다.**

인생은 누구도 장담할 수 없습니다.
"의인은 없나니 하나도 없기" 때문입니다.
우리는 죄 짓는 의인입니다.
그럼에도 하나님의 말씀을 들은
우리는 오늘 회개하고 돌이켜야 합니다.

죄는 사람이 하나님이 되고자 하는 것입니다.
그래서 부지런하고 악한 사람이 이 세상에서 성공합니다.
착한 사람보다 부지런하고 악한 사람이 성공합니다.
자기가 하나님이 되려니
얼마나 부지런히 열심히 살아야 하겠습니까.
나의 선함과 완벽주의가 악입니다.
남들에게 언제나 칭찬받아야 하고,
언제나 완벽해야 한다는 생각이
나를 죽이고 남을 병들게 합니다.

예수께서 죽은 나사로를 살리실 때
그냥 살려내지 않았습니다.
무덤의 돌을 굴려 내는 수고를 해야 합니다.
'죽으면 죽었지 내 죄는 오픈 못해' 하면서
영적인 사망에 처해 있습니까?
내가 돌을 굴려 내면,
내 속에 있는 죄와 사망의 썩은 것을 오픈하면
살려 주십니다.

죄인들과 각색 병자들이 모인 베데스다 연못가에서
예수님은 "건강한(스스로 건강하다고 믿는) 자에게는
의원이 쓸데없다"고 하셨습니다.
교회는 영적 병원입니다.
아프고 죄 많은 사람들이 모인 곳이 교회이고,
그런 교회가 건강한 교회입니다.
교회에서 나는 건강하다고 아픈 사람을 비판한다면
병원에 와서 환자들을 욕하는 것과 같습니다.
세상에 속한 사람들은 아픈 사람을 싫어합니다.
"넌 왜 그러고 사니?" 하며 비판하고 외면합니다.
그러나 그런 분들이 교회에 왔을 때
누구보다 하나님을 의지하고 말씀을 사모합니다.
그래서 저는 갖출 것 다 갖춘 사람들더러 오라고
초청하지 않았습니다. 말씀 그대로
'환난 당하고 원통하고 빚진 자'들을 날마다 초청했고
그런 사람들의 공동체가 이루어졌습니다.

억지로 "술 끊어!", "담배 끊어!" 한다고 해서
끊어지는 것이 아닙니다.
하나님을 너무 사랑하면 저절로 끊어지는 것입니다.
그래서 먼저 주님을 만나게 해야 합니다.
하나님을 사랑할 때 뭐든지 저절로 되는 것이
진정한 복입니다.

가장 비참한 사람은 예수님을 안 믿는 사람입니다.
죽기를 무서워하여 한평생 세상에 매여 종 노릇 하는(히 2:15)
사람들에게는 어떠한 자유함도 없습니다.
세상 신분을 떠나 예수 그리스도의 종이 되는 것이
진정한 노예해방, 자유를 누리는 길입니다.

피할 수 없는 인생의 고통이 축복이 되기 위해서는
자기 죄를 알아야 합니다. 내 죄를 깨닫고 나면
'나 같은 죄인 살리신 주님의 은혜' 때문에 무엇을 하든
구원을 목적으로 하게 됩니다.

우리는 주 안에서 행한 수고에 대해
특권을 요구할 때가 많습니다. 하지만 우리는
마지막 순간까지 종의 자리를 떠나지 않으셨던 주님의 모습을
기억해야 합니다. 주님과 교회를 섬길 수 있다는 특권만으로
자족하는 자가 되어야 합니다. 열심히 주의 일을 하고,
교회를 섬겨 놓고는 대우를 못 받는다고
속을 끓여서야 되겠습니까.

용서받지 못할 죄는 없습니다.
그러나 믿지 않으면 누구도 용서받을 수 없습니다.

바람을 피워서 아들까지 낳고 살다가 돌아왔다고 합시다.
죄를 회개하고 예수님을 영접하고 영육 간에 돌아왔어도
바람피워서 낳은 아들은 그대로 있습니다.
예수님을 믿었다고 그 아이가 없어집니까? 어쨌든 일평생
그 아이를 보면서 내 죄에 대해 아파하고 훈련받아야 합니다.

아무리 힘들어도 자살하면 죄입니다.
하나님에 대한 반역입니다. 자기 부정이 없고, 인내가 없고,
하나님에 대한 사랑을 모르기에 많은 사람이 죽어갑니다.
하나님께서 지은 죄로 인해 너무 고통스러워하지 말라고,
예수 안에 피할 길이 있다고 오늘도 말씀하고 계십니다.
나를 위해 십자가를 지신 주님이 다시 살아나셨습니다.
예수께로 피하기만 하면 살 수 있습니다.
영원토록 살 수 있습니다.

복음은 능력입니다.
구원을 주시는 능력입니다.
성경은 인간이 병에서 놓이는 것부터 시작해서
모든 잘못된 상황에서 풀려나는 것을
구원이라고 말합니다.
인간의 육체만을 구원하는 것이 아니라
모든 상황과 자연과 만물을 구원하는 능력이
바로 복음입니다.

복음의 능력 중에서도 가장 중요한 것은
죄사함의 능력입니다.
아파서 고통이 아니고,
돈이 없어서 고통이 아니고,
자녀와 남편이 속을 썩여서 고통이 아니고,
모든 고통은 자기 죄로부터 시작됩니다.

천국과 지옥은 반드시 있습니다.
하나님을 모른 채 자기 뜻대로 사는 것이
이 땅에서 이미 받는 형벌입니다.

모든 것을 만드시고 모든 것의 주인이신
하나님을 뒤로하고,
만들어진 피조물에만 목을 매는 것은
진리를 거짓으로 바꾸는 행위입니다.

왜 판단을 합니까?
의인은 없나니 하나도 없고,
죄로 인한 사형 선고는 누구도 피할 수 없다고 하는데
자꾸 나는 아니라는 겁니다. 하나님께서 '유죄' 선고를 하셨다면
그 죄에서 어떻게 구원을 받을까 생각해야 하는데,
나는 죄와 상관이 없다고 믿기 때문에 남을 판단하기에 바쁩니다.

가장 불쌍한 사람은 가난한 자도 아니요,
병든 자도 아니요, 미워하는 자도 아니요,
살인하는 자도 아닙니다.
가장 불쌍하고 불쌍한 사람은 하나님께 잊힌 자입니다.
하나님께 잊히기 전에, 영원한 사망으로 가기 전에
제동을 거시는 것이 축복입니다.
고난을 통해서라도 내가 죄인인 것을 깨닫고
하나님 앞에 엎드리는 것이 축복입니다.

64
65

십자가는 예수님의 죽음 자체가 아니라,
그 죽음을 통해 담당하신 우리의 죄가 얼마나 참혹한지를
보여 주는 것입니다. 우리의 죄 값을 담당하신
십자가의 예수님을 보면서 죄에 대한 심판이
얼마나 비참하고 무서운가를 볼 수 있어야 합니다.
죄로 인해 짓눌린 인간의 참혹함을 볼 수 있어야 합니다.

환경이 안 돼서 그렇지 돈이 있고 기회만 있으면
부동산 투기로, 음란으로 갈 수밖에
없는 것이 우리입니다.
교양과 두려움이 막아서 그렇지
얼마든지 미워서 살인할 수 있는 것이
나 자신의 모습입니다. 그것을 깨달을 때
심판을 피할 길이 있습니다.

자기의 행동으로 하나님을 모독하기를 원하는 사람은
한 명도 없을 것입니다. 그러나 나의 사소한 행동 하나가
하나님에 대한 모독이 될 수 있다는 것을
알고 경계해야 합니다.

남자의 3대 죄는 정욕, 나태, 탐심이고,
여자의 3대 죄는 교만, 시기, 질투입니다.

이 세상 모든 사람이 죄인입니다.
그래도 믿는 사람이 낫다고 하는 것은 내가 죄인이라는 것을
알기 때문입니다. 안 믿는 사람의 기준으로는
도덕적인 죄, 윤리적인 죄가 전부입니다.
거기에서 조금 더 나아가 양심의 죄까지 가면
대단한 사람입니다. 그런데 믿는 나는 하나님과의 관계,
영적인 죄를 생각하기 때문에 한 단계 더 높은 사람입니다.

믿음을 위한 노력조차도
내 원함이나 달음박질로는 되지 않습니다.
'오직 긍휼히 여기시는 하나님으로 말미암아' 가능합니다.

하나님이 나를 선택하셨는지 아닌지
어떻게 알 수 있습니까?
내 행위가 의로워지면 알 수 있습니까?
합리적인 이성과 지식으로 알 수 있습니까?
하나님이 나를 선택하신 것은
믿음으로 알 수 있습니다.
내 힘으로는 의에 이를 수 없다는 것,
그것을 인정할 때 하나님의 선택을
알 수 있습니다.

가장 아름다운 것은 기쁜 소식, 복음을 전하는 자의 발입니다.
죄와 절망 가운데 있던 내가 예수님을 믿고 살아난 것보다
기쁜 소식은 없습니다. 그 기쁨으로 다른 사람들을 살리기 위해
찾아가는 발걸음이야말로 가장 아름다운 것입니다.
내 죄를 깨닫는 만큼 하나님의 은혜를 알게 되는 것이
아름다운 소식입니다. 그래서 누군가를 위한 아름다운 일은
그 사람의 죄를 깨닫게 해주는 것에서 시작됩니다.
죄를 꼬집고 지적하라는 말이 아닙니다. 하나님의 사랑 안에서
그 사람이 죄를 회개하고 주님을 영접할 수 있도록 도우라는
뜻입니다. 어떻게 도울 수 있습니까?
상대방의 죄와 상관없이 나는 내 죄를 고백하면 됩니다.
큰 죄인인 내가 어떻게 하나님 때문에 살아났는지
그것만 이야기하면 됩니다.
죄를 고백하는 회개의 언어야말로 가장 아름다운 언어입니다.

"여인이 어찌 그 젖 먹는 자식을 잊겠으며 자기 태에서 난 아들을 긍휼히 여기지 않겠느냐 그들은 혹시 잊을지라도 나는 너를 잊지 아니할 것이라 내가 너를 내 손바닥에 새겼고 너의 성벽이 항상 내 앞에 있나니"(사 49:15-16). 하나님은 우리를 손바닥에 새기시고 잊지 않으십니다. 자식이 속을 썩여도 부모가 자식을 잊을 수 없는 것처럼, 내가 심히 악을 행하고 있어도 하나님은 나를 잊지 않으시고 성벽으로 나를 보호하십니다. 죄를 지었다고 기도할 자격이 없다고 하면 안 됩니다. 죄를 지었어도 약속의 말씀이 있기에 우리는 하나님께 매달릴 수 있습니다. "내가 악을 행했지만 돌아오게 하신다고 하신 말씀을 기억해 주세요. 주님의 자녀이기에 하늘 끝에 있어도 돌아오게 하신다는 약속을 기억하시고 저를 붙잡아 주세요. 저의 기도를 들어주세요"라고 기도할 수 있습니다. 우리가 하나님께 간구할 수 있는 가장 큰 힘은 언약의 말씀에 있습니다.

인간은 100% 죄인이고,
하나님은 100% 옳으신 분입니다.

내 죄를 보는 것에서 시작해야 합니다.

내 죄 때문에 울면,
내 환경 때문에 슬퍼하지 않게 됩니다.

날마다 내 죄를 봅시다!

PART 3

3

문제아는 없고 문제부모만 있다

자녀는 부모의 거울입니다.
문제만 일으키는 자녀를 보며 할 일은
눈물 흘리며 회개하는 것밖에 없습니다.
문제아는 없습니다.
문제부모만 있습니다.

가출을 밥 먹듯이 하는 아이라도
끊임없이 사랑해 주는 부모가 있으면
집으로 돌아옵니다.
아무리 술을 먹어도, 바람을 피워도,
끝까지 사랑해 주는 배우자가 있으면
제자리로 돌아옵니다.
집을 나가도 괜찮습니다.
밖에 나가면 가족만큼
자신을 사랑해 주는 사람이 없음을 알기 때문에
언젠가 돌아오게 돼 있습니다.

어려움이 찾아올 때 어떤 사람은
습관적으로 점쟁이한테 갑니다.
어떤 사람은 돈 많은 사람, 능력 있는 사람을
습관처럼 찾습니다.
무슨 일을 당하든 교회 공동체에 기도를 부탁하고,
예배에 가고, 말씀을 붙잡는 것이 습관이 되어야 합니다.

하나님의 것이라고 하면서도
내 것으로 여기기 때문에
마음이 녹습니다.
자식을 하나님의 것이라고 해놓고도
내 것으로 여기기에 성적이 떨어지면
마음이 녹습니다.
남편을 내 것이라고 생각하니까
외도를 하고, 돈을 안 주면
마음이 녹습니다.
문제는 자식이, 남편이 아니라
내 속에 자리한 욕심입니다.

실패했어도 의기소침할 필요가 없습니다.
우리의 승리와 패배와 징계와 배반, 이 모든 것은
인생을 구성하는 한 요소에 불과하기 때문입니다.
하나님께서는 그런 일을 당할 때마다 우리의 죄와 연약함을
깨닫고 고백하는 것을 기뻐하십니다.
언제나 우리의 해결책은 회개입니다.

하나님께 날마다 내 죄를 자백한다고 하면서
가족에게 잘못했다는 소리 한 번 안 한다면
죄를 자백했다고 할 수 없습니다.

내 가족만 잘살자고 헌신하고 구제한다면
열매를 맺을 수 없습니다.
부모가 남들을 위해 사는 모습을 볼 때
자녀도 부모를 존경하게 됩니다.

결혼도, 취업도, 자녀 양육도
'하나님께서 알아서 해주시겠지, 어떻게든 되겠지'
하는 것은 없습니다. 믿음의 길을 걸어갈수록
영적 전투가 치열해진다는 것을 알지 않으면
사탄의 밥이 됩니다. 내가 하나님께 붙잡힐수록
치열한 전투가 온다는 것을 알고
말씀으로 예방주사를 맞고 가야 합니다.
하나님의 부르심을 받은 인생이라면 끝없는 전쟁,
그리고 합당한 전쟁이 기다리고 있습니다.

내가 고난당한 만큼
내 자녀를 축복할 수 있습니다.

왜 가인이 아니고 아벨인가,
왜 에서가 아니고 야곱인가?
하나님의 선택과 인도하심에 대해 날마다
"왜"냐고 묻고 있습니까?
다른 방법은 없습니다.
하나님의 선택론은 고난의 용광로를
거쳐야만 믿어집니다.

세상에서는 실패하고 부족한 자녀라도
믿음으로 최고가 될 수 있습니다.
외모가 형편없어도
영적 자녀, 믿음의 후사를 알아보는 것이
내 믿음의 결론입니다.

성(性)은 영적 생명이 육적 생명으로
만들어지는 것이기 때문에 중요합니다.
학교에서 알아서 배우겠지 하지 말고,
자녀가 어릴 때부터 성경으로
성교육을 해야 합니다.

내가 하나님께
설득되어져야
다른 사람을
설득할 수 있습니다.

가장 큰 유산은 예수님을 믿게 하는 것입니다.
이스라엘 백성이 그렇게 우상을 섬기고 죄를 지어도,
하나님께서 아브라함을 사랑하시고 약속의 조상을 삼으셨기에
아브라함의 혈통을 가진 사람들을 버리지 않으시고
이끌고 가셨습니다. 가족은 구원 때문에 모인 공동체이며
그 이상도 이하도 아닙니다. 하나님께서 궁리, 궁리하시다가
우리 집에 내 가족으로 보내 주셨습니다.
영혼 구원의 사역을 위해 가장 알맞겠다고 생각하셔서
이런 배우자, 이런 자녀를 보내 주셨습니다.

어렸을 때부터 성경을 가르쳐야 합니다.
성경을 배워야 합니다.
성경도 그냥 읽히면 안 됩니다.
날마다 의미 있게, 부모가 본이 되는 삶을 살면서
성경을 읽게 해야 합니다.

자신이 경험해 보지 않고 정답만 이야기하는 것이
얼마나 사람을 질리게 하는지 모릅니다.

"내가 너를 어떻게 키웠는데…"는 부모들의 주제가입니다.
로봇처럼 자식을 사랑하고,
집착하고,
사로잡혀 있다가 배반당하고,
나중에 허무하다고 외칩니다.
그것을 사랑이라고 착각합니다.

남을 가르치면서 자신을 가르치지 않으면
하나님께서 나를 가르치실 수밖에 없습니다.
어떻게 가르치십니까?
고난의 사건을 통해 나를 가르치시고 깨닫게 하십니다.

예수 그리스도가 빠진 교육과 철학은 비극입니다.
깨닫는 자도 없지만
예수 그리스도가 아니면 깨달을 수도 없고,
하나님을 찾는 자도 없지만
내 힘으로 찾아지는 것도 아닙니다.

은사는 고난을 통과해야 발견됩니다.
밀알이 되어 죽고 썩어져서 열매가 맺힐 때까지,
그만큼의 시간과 훈련을 해야 은사를 알 수 있습니다.
저는 평생 피아노를 공부하고 가르쳤습니다.
피아노를 위해 모든 생활을 절제하고,
하루도 빠트리지 않고 열심히 연습하고 가르쳤습니다.
그것이 저의 은사인 줄 알았습니다.
그러나 그것은 재주일 뿐 은사는 아니었습니다.
학생들을 가르치면서 그것이 돈과 연관이 되니까
기쁨이 없었습니다. 학생이 좋은 성적을 내고,
원하는 대학에 들어가도 그것이 큰 기쁨은 아니었습니다.
그런데 복음을 전하고 성경을 가르치는 것은
하루 종일 해도 지치지 않습니다.
예배와 나눔 시간을 생각하면 열정이 생기고
밥을 안 먹어도 힘이 납니다.
누구도 말릴 수 없는 즐거움이 있습니다.
돈과 상관없이 기쁜 일을 찾으려면 하나님의 은혜가 필요합니다.

진정한 복, 믿는 사람으로서 세상보다 나은 복은
떡과 의복이 아니라 하나님의 말씀에 있습니다.
불신자와 신자가 다른 것은
고난의 사건에 말씀이 있다는 것입니다.
나는 하나님의 말씀을 맡은 자입니다.
말씀으로 죄를 이기고 해결하는 모습을 보여줄 책임과
특권이 있는 인생입니다.
말씀이 있어서 나는 천하보다 귀하고,
천하를 가질 수 있는 사람입니다.

바로는 애굽의 왕이었습니다. 당시 세계 최강인 애굽에서 최고의 지위와 권력을 가진 사람이었습니다. 그러나 그 대단함 때문에 하나님의 긍휼을 몰랐습니다. '바로를 강퍅케 하셨다'는 것은 '내버려두셨다'는 뜻입니다. 그냥 잘 먹고 잘 살게 내버려두셨다는 뜻입니다. 하나님 없이 잘 먹고 잘 사는 것이 바로와 같은 진노의 모델입니다. 이 땅에서 헐벗고 수치를 당하더라도 긍휼히 여기심을 받는 모세가 되는 것이 축복이고 사랑입니다. 모세는 이스라엘의 지도자 감은 아니었습니다. 히브리 민족이 애굽에서 노예 생활할 때 왕궁에 입양돼서 잘 먹고, 잘 살고, 노역도 안했습니다. 매국노요 배신자로 보였을 사람입니다. 그러다 자기 민족을 위한다고 한 일이 살인이었습니다. 혈기로 살인을 저지르고 도망가서는 40년간 미디안 광야에서 양치기로 숨어 살았습니다. 하나님께서 왜 그런 모세를 지도자로 택하셨습니까? 그것은 하나님의 긍휼하심 때문입니다. 택하실만해서 택하신 것이 아니라 무조건적인 긍휼로 살인자 모세, 입이 둔한 모세를 택하셨습니다. 그래서 하나님의 선택론을 이해하기 위해서는 먼저 내 죄를 깨달아야 합니다. 내가 얼마나 형편없는 죄인인지를 알아야 하나님의 선택과 예정을 이해할 수 있습니다.

누군가의 인생이 성공했다고 말할 수 있는 최종적인 기준은
구원입니다. 구원을 얻지 못하면 어떤 인생도 실패한 인생입니다.
반면에 구원을 얻으면 어떤 인생도 성공한 인생입니다.
구원은 하나님의 사랑을 입는 것입니다.
하나님의 사랑을 덧입으면 인생의 모든 문제가
그 사랑 안에서 해결되는 것을 경험하게 됩니다.

믿음으로 구원을 받았다고 하면서도
끊임없이 근거를 찾으려는 고정관념이 우리에게 있습니다.
신앙생활도 장남이 잘하기를 바라고,
출세를 해도 딸보다는 아들이 하기를 바랍니다.
그러나 하나님의 택하심은 우리의 고정관념을 무너뜨립니다.
순서가 중요한 게 아닙니다.
구원에 초점을 둔 믿음은 어떤 순서와 행위에 대해서도
자유합니다.

우리는 내 욕심과 기대 때문에 자녀를 행위로 판단합니다. 공부 잘하는 자녀가 있으면 온 식구가 발소리도 조심하면서 숭배합니다. 공부 못하고 속 썩이는 자녀는 "저런 애가 왜 우리 집에 태어나서…" 하고 무시합니다. 형을 속이고 집나간 야곱이 하나님이 택하신 자라고 해도 믿기가 싫습니다. 하나님의 택하심보다 행위로만 판단하기 때문에 "왜 효자 에서를 두고 야곱입니까? 하나님, 뭔가 착각하신 거 아닌가요?" 하면서 내 욕심으로 판단하는 겁니다. 그렇게 내가 내 자식을 외모와 행위로 판단하는데 남들이라고 판단을 안 하겠습니까? 내가 자녀를 차별하는데 세상이 차별을 안 하겠습니까? 우리는 100% 행위로 판단하고 차별하게 되어 있습니다. 하지만 하나님은 행위로 판단하지 않으시고, 행위로 선택하지 않으십니다. 하나님의 택하심은 무조건적이십니다. 그것을 알게 하시려고 아직 태어나지도 않고, 무슨 선이나 악을 행하지 아니한 때에 택하셨습니다. 우리의 행위가 아닌 전적인 하나님의 주권으로 우리를 부르셨습니다.

이 땅을 살아가는 우리 인생에는 별 다른 인생이 없습니다. 다들 이런 부모에게서 태어나지 않았더라면, 이런 배우자만 안 만났더라면 내 인생이 잘 풀렸을 거라고 말합니다. 그러나 그런 부모, 그런 배우자를 만나서 예수님을 믿게 되었다면 그 사람이 좋은 부모이고 배우자입니다. 예수님을 믿는 우리는 좋은 부모, 나쁜 부모, 좋은 배우자, 나쁜 배우자에 대한 가치관이 달라져야 합니다. 세상에서는 능력 있는 부모(배우자), 친절하게 잘해 주는 배우자를 부러워합니다. 하루 만이라도 그런 사람과 살아보고 싶다고 합니다. 하지만 부모와 배우자가 너무 잘해줘서 하나님 대신 부모나 배우자를 의지한다면 그들이 좋은 부모(배우자)라고 할 수 없습니다. 돈을 못 벌고 알코올중독으로 폭력을 휘둘러도 힘든 그 사람 때문에 하나님만 의지하게 됐다면 그들이 가장 좋은 부모이고 배우자입니다. 가장 좋은 부모, 가장 좋은 배우자와 자녀는 나를 예수 믿게 해 주는 사람입니다.

자녀가 어릴 때, 아직 부모 품 안에 있을 때
어떻게든 말씀을 심어 줘야 합니다.
그런데 교회 다니는 부모들이 영어캠프는 목숨 걸고 보내면서
교회학교나 성경캠프는 시간을 아까워합니다.
그러다가 조금만 힘든 일이 생기면
고난을 해석할 능력이 없어서 무너질 수밖에 없습니다.
영적 기초를 세워두지 않으면
육이 무너질 때 영적인 것도 같이 무너져 버립니다.
영어만 잘해서 성공합니까?
영어를 공용어로 쓰는 나라 중에도 가난한 지역이 많습니다.
영어가 아니라 하나님의 말씀과 친해지게 하는 것이
자녀를 성공시키는 비결입니다.

모든 것을 다 갖추었어도
영적 자녀를 갖지 못하면
사울처럼
모든 것이 산산이
부서진다는 사실을
깨달아야 합니다.

PART 4

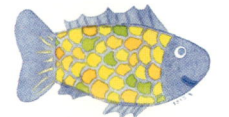

4

있으면
먹고,
없으면
금식하고,
죽으면
천국 가자!

고통 가운데에서도 누구를 원망하거나 미워하지 않고
오직 구원을 위해 기도하는 사람이라면
어떻게 힘든 사람이라고 할 수 있겠습니까?
그 한 사람이 다른 힘든 사람들을 살립니다.
초대교회 성도들은 로마의 지하 공동묘지 카타콤에서도
믿음의 명맥을 이어갔습니다.
로마를 기독교 국가로 변화시켰습니다.
나의 고난이 얼마나 많은 사람을 살리는지 모릅니다.

사탄의 공격 대상 1호는
조금 잘되면 나태하고 조금 안 되면
낙심하고 원망하면서
왔다 갔다 하는 사람입니다.

세상적인 가치관에 대해 분명히
'NO' 할 수 있는 사람이 거듭난 사람입니다.
세상과 거꾸로 가는 적용을 하기가
너무 어렵지만 내가 믿음으로
'NO'를 하면 하나님은
내 모든 것을 빼앗으시는 것이 아니라
생각지 않은 육의 축복까지 허락하십니다.

광야에서는
농사를 지을 수 없어 만나를 주셨지만,
가나안에 도착한 이후에는
농사를 지어 먹고 살게 하셨습니다.
예수님을 믿는 사람은
내 힘으로 일하고 벌어야 합니다.
요단을 건너는 기적을 경험한 후에는
상식으로 돌아가서 살아야 합니다.
가만히 입만 벌리고 있지 말고
내 할 일에 최선을 다해야 합니다.
그래서 어떤 일이라도 열심히 하고자 하는
마음이 드는 것이 육적, 영적 회복입니다.

소음은 우리의 영혼을 오염시킵니다.
제발 소리 지르지 말고,
요란 떨지 말고,
공허하게 살지 말라는 것입니다.
수면 위보다 수면 아래가 중요한 것이 영성입니다.
드러나지 않고 오래 있는 것은
너무 외롭습니다.
고독합니다.
그러나 이 고독 속에서
우리의 영성이 자라납니다.

의심이 생기거든 기다리십시오.
내가 진정 하나님의 뜻을 묻고 기도했는데도
마음에 평안이 없다면 그 일을 해서는 안 됩니다.
어떤 경우에도 나의 판단을 믿으면 안 됩니다.
내가 생각한 것 중에 하나님의 뜻에서 벗어난 것이
너무도 많습니다. 꼭 진행시켜야 하는 일이라도
의심이 생기면 기다려야 합니다.
반드시 하나님의 사인이 날 때까지 기다려야 합니다.
하나님을 기다리는 사람은 어떠한 경우에도
수치를 당하지 않습니다.

한가할 때 어떤 생각이 나는가가
우리를 결정합니다.

사랑에서 나오지 않는 모든 것은 고생으로 여겨집니다.

아무리 힘든 환경에 있어도
그 환경에 순종하며 기쁘게 사는 것이 전도입니다.

개인의 경제생활이 엉망인 사람에게는
하나님의 일을 맡길 수가 없습니다.

믿음은 상식입니다. 이 땅에서 보이는 원리로
하나님 나라의 원리를 설명하는 것이 복음의 능력입니다.

이유 없는 고난과 비방과 핍박 속에 있습니까.
이유 없이 훈련을 받는 것이 나에게
유익입니다.

조건 없는 감사가 모든 사람을 화목하게 합니다.

우리의 문제는 부족함이 아니라
만족하지 못하는 데 있습니다.

내가 있는 곳이 이미 천국이기에 순교도 할 수 있습니다.

힘든 환경에서도 하나님의 빛만 바라볼 때
다른 사람이 봐도 내게서 광채가 납니다.
내 얼굴은 하나님의 형상을 나타낼 책임이 있습니다.

인생의 시기마다 사람을 의지하지 말라고
고난의 사건이 찾아옵니다.

성경에 기록된 말씀이
하나님께서 나에게 주신 재산목록입니다.
성경 말씀이 내 재산, 내 땅 이야기인데
남의 땅 이야기로 읽기 때문에 기쁨도 재미도 못 느낍니다.

하나님이 나에게 행하신 일은 수없이 많이 있습니다.
그런데 우리는 감사도 대충하고
기도도 공식적으로 합니다.
기도만 하면 "생사화복을 주관하시는 하나님,
죽을 수밖에 없는 죄인을 구원하신 하나님,
날마다 모든 일에 복을 주시는 하나님" 하고
똑같은 말만 반복합니다.
한두 가지라도 구체적인 기도,
구체적인 감사를 하십시오.

주님이 먼저 나를 소유해야만
내가 주님을 소유할 수 있습니다.
내가 먼저 소유하는 게 아닙니다.
주님이 찾아오셔서 "너는 내 것이다"라고 해주셔야
나도 주님을 소유할 수 있습니다.

우리의 인생 여정이 고독하고, 곤고하고, 어두워도
하나님은 내가 걷는 길을 아십니다.
힘들고 막막한 그 광야에서 하나님을 기업으로 삼고
살아가는 인생을 기뻐하십니다.
하나님이 기업인 사람은 절대로 굶기시지 않습니다.
40년 광야 생활에서 죽은 것은 불순종했기 때문이지
굶어서 죽은 사람은 단 한 명도 없습니다.

하나님을 상급으로 받고 누리는 사람에게는 가난도 보석입니다. 이 땅에서의 가난함으로 하나님을 더욱 사모하는 자에게는 초막이나 궁궐이나 그 어디나 하늘나라입니다. 가난도 보석처럼 누리는 사람은 세상 어떤 부자와도 비교할 수 없는 복된 삶을 살 수 있습니다.

날 때부터 소경된 자를 두고
누구의 죄로 인해서 소경이 됐느냐고 묻는 제자들에게
예수님은 때가 아직 낮이라고 답하십니다(요 9장).
누구 탓이냐고 한탄할 것이 아니라 그 소경의 처지에서
열심히 일할 때라는 말씀입니다.
일할 때의 정점, 낮 열두 시라는 뜻입니다.
이것이 누리는 삶입니다.
뭔가 된 다음에가 아니라 지금,
성경을 보는 오늘부터
하나님의 일을 하라는 것입니다.
"나는 늙었어요",
"나는 배운 게 없어요",
"나는 돈이 없잖아요",
"나는 병에 걸렸어요" 하지 말고
지금까지 고생한 것으로 다른 힘든 사람을 도우라는 것입니다.
하나님 나라의 확장을 위해
나를 사용하시겠다는 뜻입니다.

어떤 자리에서도
내 할 일이 보이는 사람이
성공합니다.
힘든 일을 먼저 찾아서
하는 사람이
최고의 위치에 서게 됩니다.

힘들지 않은 사람은 아무도 없습니다. 언제든 비는 내립니다. 그러니 비가 내릴 때를 대비해서 우산을 준비하고 있으면 됩니다. 혹시 내게 우산이 없어도 옆에 우산을 들고 있는 사람한테 가서 같이 비를 피하면 됩니다. '내 인생에는 쨍쨍한 햇빛밖에 없어' 하면서 절대로 우산을 준비하지 않는 사람들이 있습니다.

비를 맞으면 맞았지 옆 사람의 우산 속으로 절대 안 들어가는 사람이 있습니다. 그래서 내리는 비를 맞고 점점 병이 들어갑니다. 현대 사회에서 우울증은 누구에게나 찾아오는 질병입니다. 꽁꽁 싸매두지 마시고 도움을 청하십시오. 또 내 옆에 모든 것을 갖추고도 병들어 가는 사람은 없는지 잘 살펴야 합니다. 어떻게 하면 저 사람을 도울까 생각만 하지 마시고 직접 찾아가십시오. 하나님의 사랑을 행함으로 전하십시오. 복음밖에는 길이 없습니다.

모든 일에 예배가 중심이 되지 않으면
일상생활에서 불평이 나오고
무너지기 시작합니다.

하나님은 똑똑한 사람,
재능 있는 사람이 아니라 넘어질 때마다
힘써 일어나는 사람들에게 더 많은 것을 주십니다.
믿음에 덕을,
덕에 지식을,
지식에 절제를,
절제에 인내(벧후 1장)를 공급하십니다.
그러기에 넘어지는 것이
축복이라고 말할 수밖에 없습니다.

사람의 행복이 무엇을 가졌는가,
무엇을 획득했는가에 있지 않다는 것은
틀림없는 사실입니다.
무엇을 얼마나 소유했는가가 아니라,
소유를 누리는 나의 태도가
내 삶의 질을 결정합니다.

우리에게 오는 고난은
피해야 하는 것이 아니고
이겨야 하는 것입니다.
환경을 피해 가면
말씀을 떠나게 되고
자기 성취의 종교로
전락하게 됩니다.

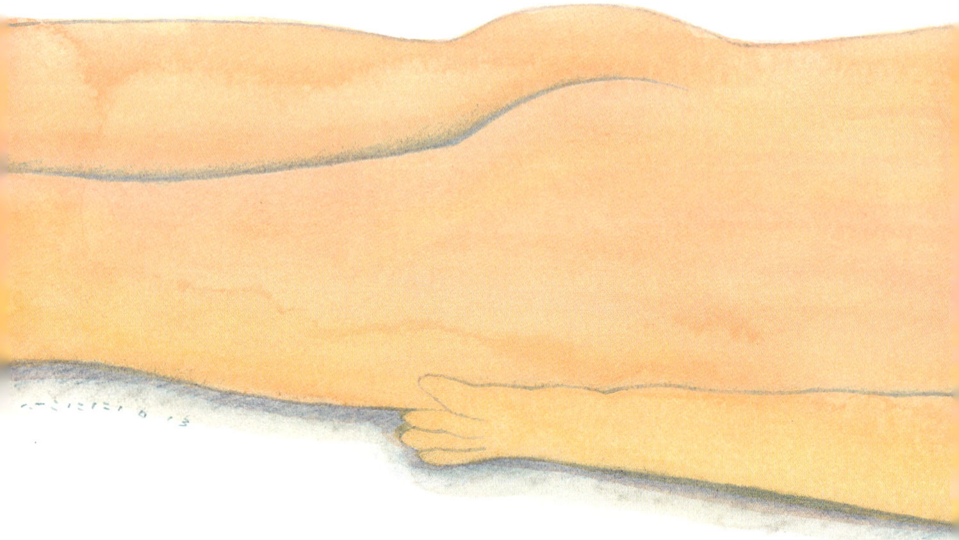

130
131

자기 열심으로 달려가는 사울(바울)을 다메섹 도상에서 쓰러지게 하신 것이 하나님의 밀치심입니다. 사울이 바울 되어 예수 그리스도의 종으로, 사도로 세우신 것이 하나님의 밀치심입니다. 그의 전도로 수많은 교회가 세워지고 2천 년 동안 수많은 사람이 복음을 듣게 된 것이 하나님의 밀치심입니다. 왜 고난이 축복이라고 하겠습니까? 죄에 매여 종노릇하는 인생을 너무나 열심히 살고 있을 때, 고난을 통해 하나님께서 제동을 걸어 주시는 것이 축복이기 때문입니다.

'믿음으로 살리라'는
어떤 사건도 하나님의 옳으심으로 인정하는 것입니다.
하나님은 의롭고 옳으시기 때문에,
이 세상의 어떤 세력에게도 방해받지 않고
하나님이 택하신 의인인 나를 지키십니다.
그래서 지진이 와도 의인은 살아납니다.
육적으로 안 죽는다는 이야기가 아닙니다.
육적으로 다치고 죽어도 거기에서
하나님의 뜻을 생각하는 것이
'믿음으로 말미암아 살리라'입니다.

날마다 말씀 묵상을 하지 않으면 종교적 열심으로 가게 됩니다.
하나님의 말씀을 모르고 드리는 기도는
새벽에 정화수 떠놓고 드리는 기도와 다를 바가 없습니다.
성경에 바른 지식이 있습니다.
하나님의 뜻대로 사는 바른 지도가
너무나 생생하게 구체적으로 나와 있습니다.
지도는 덮어두고 어떻게 하면 잘사는 길이 있을까
여기저기 돌아다니니까 지치고 힘들 뿐입니다.

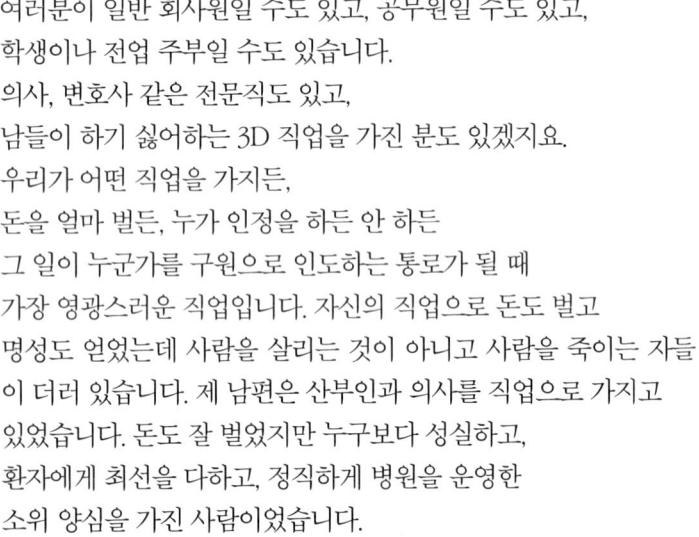

여러분이 일반 회사원일 수도 있고, 공무원일 수도 있고,
학생이나 전업 주부일 수도 있습니다.
의사, 변호사 같은 전문직도 있고,
남들이 하기 싫어하는 3D 직업을 가진 분도 있겠지요.
우리가 어떤 직업을 가지든,
돈을 얼마 벌든, 누가 인정을 하든 안 하든
그 일이 누군가를 구원으로 인도하는 통로가 될 때
가장 영광스러운 직업입니다. 자신의 직업으로 돈도 벌고
명성도 얻었는데 사람을 살리는 것이 아니고 사람을 죽이는 자들
이 더러 있습니다. 제 남편은 산부인과 의사를 직업으로 가지고
있었습니다. 돈도 잘 벌었지만 누구보다 성실하고,
환자에게 최선을 다하고, 정직하게 병원을 운영한
소위 양심을 가진 사람이었습니다.

그러나 죽음 직전에 낙태 수술을 한 것에 대해
회개하고 떠났습니다. 모두가 우러러보는 의사를 직업으로
가졌지만 하나님이 보시기에 영광스러운 일은 아니었다고
보여 주셨습니다. 힘들게 직장 생활을 하면서 '내가 이 월급을 받
고 무슨 고생인가' 하는 분도 있을 것입니다. 그러나
여러분이 하는 일이 생명을 살리고, 생명을 확장시키고,
생명을 부요케 하는 일이라면
여러분의 직업은 영광스러운 직분입니다.
집에서 설거지, 청소만 하고 있어도
가족의 생명과 생활이 내 손에 달렸다는 사실을 생각하면
그것이 영광스러운 직분입니다.

하나님께서 누군가를 신학으로, 선교로, 목회로 부르시는 것처럼, 하나님은 또한 우리를 직장으로 부르십니다. 직장은 전도의 장(場)으로서만 의미가 있는 것이 아닙니다. 나의 직업 그 자체가 다른 이들의 삶을 윤택하게 하는 하나님의 도구가 되어야 합니다. 공장에서 물건을 만드는 사람은 물건을 값싸고 튼튼하게 잘 만들어서 사람들의 생활을 윤택하게 합니다. 식당을 하는 사람은 맛있고 영양 많은 음식을 만들어서 다른 사람의 삶을 건강하게 합니다. 전화 받는 업무를 하는 사람은 친절하게 전화를 받으면서 다른 사람의 마음을 따뜻하게 합니다. 그래서 우리의 직장은 썩어질 세상 것이 아닌 섬김의 장입니다. 주어진 내 업무를 정성스럽고 성실하게 최선을 다해 하는 것이 오지 선교 못지않은 십자가입니다. 그러므로 내가 하고 있는 그 일이 목사가 하는 일 못지않게 너무나 중요한 일입니다.

저는 카타콤에서 숨어 살았던 초대 교회의 성도들보다 북한의 성도들이 더 힘들다고 생각합니다. 로마는 이렇게까지 잔인한 공산주의는 아니었습니다. 카타콤에서 신앙을 지켜 온 300년이 로마를 변화시키고 기독교를 국교로 공인하게 했습니다. 북한의 성도들에게는 얼마만큼의 시간을 허락하실지 아직은 알 수 없습니다. 그러나 하나님께서 분명 북한에 남겨두신 자들을 놀라운 도구로 사용하실 것입니다. 통일이 되면 누가 선교에 앞장설 것 같습니까? 우리는 물질이나 돕겠지만 북한의 성도들은 우리에게 신앙의 진수를 가르칠 것입니다. 당연히 북한이 선교에 앞장서서 나갈 것입니다. 그래서 하나님께서 통일을 빨리 앞당기실지도 모릅니다. 바알에게 무릎 꿇지 않은 그들, 목숨을 건 북한 성도들의 믿음이 칠천 배의 응답이 되어 하나님 나라를 확장할 것입니다.

전문가들에 따르면 빚도 중독이라고 합니다. 그래서 다른 중독과 마찬가지로 점진적으로 더 커지고 깊어진다고 합니다. 어떤 사람은 그것을 '마음의 무좀'이라고 표현했습니다. 좀처럼 사라지지도 않고 긁으면 시원할 것 같아서 긁지만 아픔과 가려움이 더 할 뿐입니다. 사랑의 빚 외에 어떠한 빚도 지지 말라고 하신 것은 모든 빚이 우리의 마음을 좀먹고 무너뜨리기 때문입니다. 누군가에게 빚을 지면 자존감이 무너집니다. 빚을 지고 사는 사람은 인생이 비참해집니다. 빚을 갚으려고 또 다른 빚을 지니 뭔가 숨기는 것이 생기고 대인관계가 순수하지 못합니다. 나만 망하는 게 아니라 배우자, 자녀, 부모형제, 이웃에게까지 피해를 끼칩니다. 그러니 가족과 이웃을 사랑하려면 어떠한 빚도 지지 말아야 합니다.

모두가 무겁고 지긋지긋한 짐을 지고 수고하는 인생을 살아갑니다. 매일 나를 비참하게 누르는 짐 때문에 주저앉아 버리고만 싶습니다. 그래서 이리저리 휘청거리는 나를 주님이 초청하십니다. 행복하고 가벼운 짐 진 자가 아니라 수고하고 무거운 짐 진 자여 오라고, 이제 곧 쓰러질 것 같은 나더러 오라고, 주님께 오라고 두 팔 벌려 초청하십니다. 그 사랑의 품으로 달려가십시오. 한결같은 온유와 겸손으로 받아 주시는 주님의 품에서 나도 그 사랑을 배우며, 이제 나의 짐을 예수님의 멍에로 바꿔 메십시오. 나에게 허락하신 배우자, 자녀 등 모든 일이 주님이 꼭 알맞게 주신 멍에입니다. 주님의 멍에는 쉽고 가볍습니다. 날마다 순간마다 주님이 동행하시고 주님의 말씀으로 배우게 하시니, 누구도 빼앗을 수 없는 안식이 있습니다. 누구도 빼앗을 수 없는 천국이 우리에게 있습니다.

PART 5

가족은
영혼 구원을 위해
묶어 주신
공동체다

온몸으로 남을 구제하고 오지에서 선교를 해도,
하나님께서 원하시는 사명의 지경(地境)은 가정이 우선입니다.

나에게 하나님의 영광이 확실하다면 내 가족, 지체들이
고난을 통해서라도 예수 믿게 해달라는 기도를
확실하게 할 수 있습니다.

서로 교양 있게 대하는 부부가 이혼을 쉽게 합니다.
악을 쓰며 싸우는 부부가 징하게 붙어삽니다.
사랑은 교양을 넘어서는 것입니다.

신앙은 가장 상식적인 것입니다.
몰상식, 비상식은 올바른 신앙이 아닙니다.
상식의 삶을 잘 살지 못하면 내가 아무리 하나님의 기적을
경험했어도 그 기적을 전할 수 없습니다.
일상생활을 잘 못함으로 배우자, 부모, 자녀가
나를 인정하지 않는다면 내가 경험한 기적이
무슨 의미가 있겠습니까.
정말 하나님의 기적을 체험하고
그것을 증거하고 싶다면 가장 상식적인 사람으로
일상의 삶을 잘 살아야 합니다.
그래서 가장 먼저 가까운 가족에게
인정받는 사람이 되어야 합니다.

우리는 내가 지난주에 은혜 받고
놀라운 용서와 희생을 베풀었으니
이번 주일에는 우리 가족이 다 교회에 나오는 줄 압니다.
하지만 내 가족이 모두 구원받기까지는 30년이 걸릴 수도 있고,
내가 죽은 다음에야 돌아올 수도 있습니다.
하나님의 목적은 '나'를 거룩하게 하시려는 것이기 때문입니다.
내가 십자가 짐으로 남편이 술도 여자도 끊기를 바라고,
자녀가 정신 차리고 공부하기를 바랄지 모르지만
그것은 하나님의 목적이 아닙니다.
오로지 '나'를 거룩하게 하기 위해서 끊임없이
여러 사건이 찾아오고 그 사건 속에서
나를 빚어 가십니다.

영성은 변하지 않는
그 사람으로 인해
내가 변하는 것입니다.

'남편이 예수님을 믿으면 나한테 잘해 주겠지'
하는 마음으로 기도하지 마세요.
시부모님, 사장님 덕 보려고
전도하지 마세요.
우리가 치르는 모든 영적 전쟁의 유일한 상급은
하나님뿐이어야 합니다.

죽어도 안 변하는 부모 형제가 있습니까?
더 이상 감당할 수 없는 불신 배우자와 자녀가 있습니까?
치유 프로그램, 상담, 성경 공부, 설교, 기도, 금식….
그래도 해결되지 않는 인생의 문제들이 있습니까?
하나님이 원하시는 것은
새로운 방법, 새로운 프로그램이 아닙니다.
하나님은 "내 힘으로는 할 수 없습니다"라는
이 고백을 원하십니다.
"하나님께서 해주시지 않으면
내 배우자와 자녀는 변화될 수 없습니다.
힘든 직장 상사는 변화될 수 없습니다." 이 고백을 원하십니다.
나의 무능과 죄를 인정하는 고백이 성령 충만의 비결입니다.

자식은 배신당하려고 키웁니다.

삶의 모든 순간마다 하나님의 이름을 생각하면서,
하나님을 사랑하며 살 때 반드시 열매를 주십니다.
내 눈으로 봐야 진짜가 아닙니다.
내가 전심으로 베푼 사랑의 열매를
나는 못 보고 갈 수 있습니다.
그래도 나는 사랑만 부으면 됩니다.
그 다음에 하나님이 역사하십니다.

잠잠히 그리스도의 본을 보이며 사는 것이
가장 훌륭한 종교개혁입니다.

부모님의 물음에 구체적인 대답을 하는 것이
효도입니다.

내게 맡기신 사람과 잘 살아내는 것이
믿음의 실력입니다.

인자하신 하나님은 기기묘묘한 방법으로
내 삶에 간섭하고 역사하십니다.
하나님을 믿으며 만나는 매일의 사건들이
잊지 못할 재산 목록 1호, 2호, 3호가 됩니다.
사랑할 수 없었던 시부모님을 사랑하고,
용서할 수 없는 남편과 자식을 용서함으로
미움과 상처를 물리친 간증들.
내 삶에도 하나님의 인자하심으로 쌓인
믿음의 재산목록이 있습니까?

육신의 부모님, 믿음의 선배들이 앞서 싸워 왔기에
지금의 내가 있다는 것을 기억하십시오.
그 사람만 없으면 예수님을 더 잘 믿었겠다고 생각하지만
그들이 있었기에 내 믿음을 지켜올 수 있었습니다.

믿음은 선물입니다.
하나님께서 나에게 믿음을 주셨습니다.
믿음을 주셨다는 것은
구체적으로 내게 합당한 직장을 주시고,
합당한 질병을 주시고,
합당한 부모 형제를 주셨다는 것,
그것을 인정하는 것입니다.

생각만 해도 힘든 그 사람,
세상 사람들이 다 외면하는 그 사람을
끌어안는 것이 가장 멋진 비전입니다.
결혼식 때의 서약처럼
병들고 아파도,
가난해도,
술을 마셔도,
"하나님이 짝지어 주신 것을
사람이 나누지 못할지니라"(마 19:6)는
말씀을 지키는 것이
거룩한 땅이고 비전의 땅입니다.

남편이 왜 아직도 하나님을 안 믿는 줄 압니까?
왜 부모님이 아직도 안 믿는 줄 압니까?
내가 세상을 쫓아내지 못했기 때문입니다.
말로는 가족의 구원이 우선이라고 하면서
여전히 돈이 좋고, 보석이 좋고, 명문대가 좋고….
나의 그런 모습을 나보다 가족이 더 잘 압니다.
세상에 사로잡힌 나 때문에 내 가족이
예수를 안 믿는 것입니다.

내게 허락하신 경계와 질서를 잘 지켜야
하나님이 함께하십니다. 말씀의 경계를 잘 지키려고 하면
하나님이 무한한 복으로 함께해 주십니다.
그런데 자칫 벗어나면 잠시는 좋을지 몰라도 곧 파멸입니다.
하나님이 짝지어 주신 것을 사람이 나누지 못한다는 말씀을
경계로 삼아서 지키려고 하면
하나님이 영원한 복을 주시지만
쉴 만한 다른 곳이 있을 것 같아서 그것을 파괴하면
인생도 파멸입니다.

가족을 중요하게 생각하려면 무엇보다
구원의 확신이 있어야 합니다. 성경을 봐야 합니다.
성경적인 가치관이 성립되지 않으면 누구도 올바르게
사랑할 수 없고, 올바르게 도와줄 수 없습니다.

집은 좁고 살기 싫고, 무서운 아모리 족속 같은 남편과 블레셋 족속 같은 부인이 있을 때 우리는 안에서의 일을 밖에서 하려고 합니다. 시키지도 않은 전도를 한다고 밖으로만 찾아다니며 곳곳에 전리품을 쌓아 놓으려고 합니다. 하지만 밖이 아니고 '안'에 있어야 합니다. 우리는 관계 때문에 끝없이 갈등할 수밖에 없고 힘이 듭니다. 아모리 족속 같은 남편하고 살려면 얼마나 갈등이 많겠습니까. 그러나 갈등 충만한 것이 성령 충만입니다. 갈등을 자꾸 피하려고만 해서는 안 됩니다. 내가 아무리 열심히 전도하고 섬겨도 하나님은 안 속으십니다. 내 영역이 있습니다. 먼저 그 영역 안에서 관계 전도를 해야 합니다. 먼저 부부 관계, 그 다음에 부모, 형제, 직장의 상하 관계, 그 관계 안에서 하나님을 전해야 합니다. 공동체에서 관계 전도로 교회가 이루어져 가는 것이 건강한 교회의 갈 길입니다. 서로의 관계가 건강하지 않으면 건강한 교회가 되기는 어렵습니다.

하나님의 은사와 부르심에는 후회하심이 없습니다. 어떤 나라도, 어떤 가정도, 어떤 개인도 하나님이 한 번 부르시면 후회하심이 없습니다. 내 가정으로 나와 배우자를 부르시고, 자녀를 부르신 것에도 결코 후회하심이 없습니다. 그런데 내가 후회된다고, 내 판단으로 먼저 이혼을 요구해서는 안 됩니다. 후회하심이 없는 하나님의 뜻이 우리 가정에 있습니다. 그 뜻을 발견하기까지 순종의 모습을 보이고, 그래도 쫓겨났다면 그때는 어쩔 수 없습니다. 하지만 아무리 상처의 골이 깊고, 갈등의 벽이 높아도 비교할 수 없이 깊고 부요한 하나님의 지혜와 지식을 신뢰해야 합니다. 내 판단을 버리고 하나님의 지혜를 의지할 때 하나님은 반드시 회복할 길을 주실 것입니다.

결혼하기 전에는 정말 최선을 다해서 골라야 합니다.
기도하고, 기도하고, 또 기도하고 골라야 합니다.
하지만 일단 결혼하고 나면 불구자라고 해도 무슨 이유로도
이혼은 없는 것입니다. 하나님의 부르심을 받은 자라면
이혼은 영원히 올무가 될 수밖에 없다는 사실을 알아야 합니다.
몇 십 년이 지나도록 끝없는 가족의 상처가 될 수밖에 없다는
사실을 기억하십시오.

덫이나 올무는 먹이로 위장돼 있어서 처음에는
그 정체를 모릅니다. 나의 불신 결혼이, 이방 세력이 어떠한
악영향을 끼칠지 모르기에 하나도 해롭지 않게 느껴집니다.
하지만 한 번 덫에 걸리면 빠져 나올 수 없습니다.
결국 사냥꾼에 의해서
생명을 잃게 됩니다. 그것은 공포뿐만 아니라
실제적인 채찍과 찌르는 가시가 됩니다.
실제적인 고통이 수반되는 일입니다.
혼인이라는 것은 육체의 결합일 뿐 아니라
영적인 연합이기에 불신 결혼은 심각한 배교 행위입니다.
오늘 하나님이 진노하셔서 "멸절하리라, 망하리라" 하십니다.
믿지 않는 사람과 결혼을 하지 말라는 것이
꼭 고난과 핍박 때문만은 아닙니다.
고난과 핍박이 오기도 하지만 구원을 이루는 데 결정적으로
걸림돌이 되기 때문에 하지 말라고 하는 것입니다.

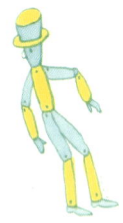

거룩한 너와 내가 만날 때
행복한 우리가 됩니다.

총체적인 악이
불신 결혼입니다.

하나님을 믿어도 변하고 흔들릴 수밖에 없는 것이
인간의 사랑인데 안 믿는 사람과 어떻게 견고한 사랑을
할 수 있겠습니까. 안 믿는 사람과 교제하면서 다들
"결혼해서 믿게 한다", "결혼하면 같이 교회 가 주기로 했다"
하는데 우리라도 정말 안 그랬으면 좋겠습니다.
안 믿는 사람과 결혼해서 배우자 한 사람 변화시키려고
수고하기엔 시간이 없습니다.

결혼할 때 속지 않으려면
졸업증명서, 건강진단서, 통장 잔고를 확인해 봐야 할까요?
우리가 속지 말아야 할 것은 재산과 성품과 학력이 아닙니다.
그 사람이 진정 하나님을 믿는 사람인가에 대해
속지 말아야 합니다.
이탈리아 속담에
"애정 때문에 결혼하는 자는 분노 때문에 망한다"고 했습니다.
나에게 잘해 주는 것에 속아서,
유순한 성품에 속아서 믿음을 뒤로 하면 안 됩니다.
교회만 다닌다고 다가 아닙니다.
내가 평생을 함께할 사람이 하나님 앞에 죄인이라는 것을
확실히 고백하는가, 안 하는가를 봐야 합니다.

날마다 서로 행복한 미소를 지으면서
"여보, 사랑해"를 속삭이는 것이 부부관계가 아닙니다.
죄인인 남녀가 결혼해 살다가 자식을 낳으면
자식 죄인이 하나 더 추가됩니다.
그렇게 죄인들끼리 자꾸 모이게 되는데
어떻게 행복한 미소만 짓고 있겠습니까.
지지고 볶으면서 서로를 알게 되는 것이 부부입니다.
하나님에 대해서도 마찬가지입니다.
하나님을 알고 신뢰하려면 서로 지지고 볶아야 합니다.
인격적으로 만나고 부딪히며 뜨거운 불도 겪어 봐야 합니다.

안 믿는 식구들을 보면서도 애통함이 없다면
내 구원의 확신을 점검해야 합니다.

예수님을 믿는 우리도 살기 싫다는 생각을 할 때가 있습니다.
결혼 생활하면서 이혼 생각 안 해본 사람이 어디 있겠습니까.
그래도 좋습니다. 죽고 싶고, 이혼하고 싶고, 때려치우고 싶고,
그런 생각을 백 번, 천 번 해도 괜찮습니다.
믿는 사람은 빨리 돌아오게 돼 있습니다.
싫어도 교회에 가고, 예배를 드리고, 어쨌든 가서 앉아만 있으면
결국 돌아오는 것입니다. 하나님의 인도하심을 구하는 사람은
잠시 원망하고 낙심하다가도 빨리 제자리로 돌아옵니다.

교회를 다녀도 집집마다 해결되지 않는
부끄러움의 문제가 있습니다. 우리 집만 콩가루인 것 같고,
나만 잘못된 것 같아서 다들 속에다가 쇳덩어리를 안고 살아
갑니다. 수치와 정죄의 덩어리로 눌려서 숨을 못 쉴 지경입니다.
그러나 하나님의 은혜가 그 쇳덩어리를 녹입니다.
어떤 부끄러운 사연이라도 말씀으로 해석되면 모든 것이
풀어집니다. 부끄럽기로 말하면 예수님 집안만한 데가 있습니까?
시아버지와 동침한 며느리 다말, 기생 라합, 유부녀와 간음하고
충신을 살인한 다윗, 처녀로서 잉태한 마리아가 예수님 집안의
사연입니다. 말할 수 없는 수치와 죄의 사슬을 끊고
예수님이 오셨습니다.
힘들고 사연 많은 우리에게 큰 사명이 있습니다.
힘들고 사연 많은 우리 집안에 하나님의
엄청난 계획이 있습니다.

돈을 빚지면 갚을 수 있는데 사랑을 빚지면 갚기가 어렵습니다.
인간의 사랑 중에 부모의 사랑이 가장 숭고하다고 하지만
부모도 자식에게 무언가를 바랍니다. 그래서 끊임없이
고부 갈등이 일어나고, 형제간에도 이해타산을 따집니다.
사랑의 빚을 갚을 마음이 들었다가도
"너는 나한테 해준 게 뭐가 있냐?" 이렇게 돼 버립니다.
사랑의 빚을 지는 것, 그 빚을 갚는 것은 내 힘으로는
할 수 없습니다. 그러나 무언가 잃어 본 사람, 없는 것을
경험해 본 사람이 더 쉽게 고마움을 느낍니다.
그것을 생각하면 고마운 부모는
나를 버린 부모, 가난한 부모일 수 있습니다.
부모님의 불화와 무능력 때문에 내 삶이 힘들었다고 해도
내가 더욱 하나님을 의지하게 됐다면 내가 진 사랑의 빚,
갚아야 할 사랑의 빚이 더 크다는 걸 알아야 합니다.

인생의 목적은
영혼 구원입니다.

가족으로 묶어 주신 것은 구원 그 이상도 그 이하도 아닙니다.

PART 6

사람은
믿음의
대상이 아니라
사랑의
대상이다

인격에 순종하지 말고
역할에 순종하십시오.

사람과의 관계에서도 사랑이 있으면
길이 트입니다.
부부가 수십 년을 살아도 사랑하지 않으면
마음의 길이 트이지 않습니다.
상대방이 마음을 닫고 있어도 나에게 사랑이 있으면
길이 트입니다.

예수 없이 우리는
사랑을 할 수도,　　만들 수도,　　지을 수도
없는 존재입니다.

권위는 사랑에서 생기는 것입니다.
성경을 조금 더 안다고 생기는 것이 아닙니다.
직분에서 생기는 것도 아닙니다.
내가 누군가를 사랑해서 말씀을 전할 때,
내가 전한 말씀 때문에 상대방에게 변화가 일어날 때
세상을 이기는 권위가 생깁니다.

믿음이 있는 사람과 없는 사람 중에서는
믿음 있는 사람이 무조건 잘못이고,
믿음이 있는 사람들 사이에서는
성숙한 사람이 무조건 잘못입니다.

영적 싸움을 싸우기 위해서는 만남의 영성이 필요합니다.
이 세상에서 친구가 무엇입니까.
형제가 무엇입니까.
친구 장례식에 가도 떡 챙겨 오기 바쁘고,
부모형제들이 명절에 모이면 서로 좋은 말만 하느라
긴장해서 힘이 듭니다.
힘들고 피곤해도 서로를 보면 힘이 나는 만남,
말씀으로 함께 울고 웃으며 기쁨과 평안을 얻는
믿음의 모임이 만남의 영성입니다.

은혜가 식어지면 관계도 식어집니다.

함께하는 우리가 중요합니다.

가장 큰 기도 응답은
나를 괴롭히는 사람을 위해
눈물 흘리게 되는 것입니다.

기도할 너희가 있고,
기도하는 우리가 있음에
감사합니다.

충고는 마지막까지 상대방을 책임질 자신이
있을 때 하는 것입니다.

하나님의 훈련을 받고 고난의 시기를 잘 지나면
가장 먼저 변화되는 것이 대인관계입니다.

벌거벗고 만나는 것이 사랑입니다.
너무 큰 사랑을 하면
진실해지고 부끄러운 것이 없어집니다.

철저히 하나님 중심으로 살 때
인간관계가 소홀해지는 것 같지만
하나님께서 가지치기를 하심으로
더 유익한 관계를 갖게 하십니다.

누구라도 멀리 있을 때는 시기의 대상이 되지 않습니다.
또 아무리 형제의 원수라고 해도
나한테 잘해 주면
내 원수는 되지 않습니다.
하지만 내 밥그릇과
직결되는 경쟁 관계라면 이야기가 달라집니다.
상대방이 잘된다는 소식에 마음이 녹고 정신을 잃습니다.
인간은 누구나 이해타산에 얽혀
울었다 웃었다 할 수밖에 없습니다.
그러나 실패하지 않으시는 주님을 생각한다면
남들 잘되는 소식에 배 아파할 것이 하나도 없습니다.
당장 눈에 보이는 성공은 없다 해도,
나는 이미 예수 그리스도 안에서 승리한 자이기에
다른 사람의 성공을 보고 마음이 녹는 것이 아니라
진심으로 기뻐할 수 있어야 합니다.

슬픔 당한 사람을 위해 기도할 때,
그 슬픔을 통해 하나님이 일 하시도록
기도하는 것이 사랑입니다.

결혼 생활도 예배입니다.
직장 생활도 예배입니다.
힘든 인간관계도 예배입니다.
그 모든 예배 가운데 나를 산제사로 드리고,
믿음으로 인내와 순종의 본을 보이는 사람이
축복의 통로입니다.

아무리 나쁜 지도자, 아무리 나쁜 부모, 남편이라도 없는 것보다는 있는 것이 낫습니다. 아무리 나쁜 사장, 상사라고 해도 내가 그 직장에서 녹을 먹고 있다면 없는 것보다 있는 것이 훨씬 낫습니다. 집에서 문제만 일으키는 남편, 말이 안 통하는 부모에게 굴복하는 것이 너무 어렵습니다. 자기 잇속만 챙기는 직장 상사에게 굴복하려니 분하고 억울합니다. 그 힘든 것을 주님이 아십니다. 나는 숨이 막혀도 그 남편, 그 상사에게 굴복하는 훈련을 거칠 필요가 있기 때문에 그 권세를 허락하셨습니다. 하나님이 권세를 주시고 그들을 사용하셔서 나의 거룩을 이루어 가십니다. 하나님의 관심은 항상 나에게 있습니다.

구원 때문에 찾아가고 베풀어야 하지만,
구원 때문에 끊어야 할 때도 있습니다.

하나님께 은혜를 받았으면 남의 기도제목을 보며
아픔을 가져야 합니다. 지체들의 기도제목을 읽으면서
바로 기도하십시오.
그것이 나의 비전, 사명을 발견하는 길입니다.

말 한마디 때문에 "너 지금 뭐라고 했어!" 분노하고 죽이고
죽으려 합니다. 상대방이 나를 저주한다고
내가 저주받는 게 아닙니다.
뭐라고 하면 어떻습니까. 욕하면 어떻습니까.
하나님은 발람의 저주를 축복으로 바꾸신 분입니다.

하나님이 나를 택하셨다면
나를 향한 하나님의 계획은
누구도 막을 수 없습니다.

미운 사람을 위해서
자꾸 기도하면
미움이 정복됩니다.
미운 너보다
미워하는 나 자신을
회개하게 하는 것이
기도의 힘입니다.

힘든 사람들에게 '다가갈 좋은 길'은 그 사람의 수준으로 내려가는 것입니다. 예수님이 우리를 위해 육신을 입고 오신 것처럼 아픈 사람, 미운 사람, 전도해야 할 그 사람의 수준으로 내려갈 때 은혜가 임하는 것입니다.

이 세상은 서로 덕을 보려고 만납니다.
교회에도 무슨 덕을 볼까 해서 갑니다.
세상의 만남은 덕을 보기 위함이지만
성도들은 덕을 나눠 주려고 만나야 합니다.
돈, 시간, 건강을 나누는 것보다 더 귀한 것은
나의 고난을 나누는 것입니다.
고난을 통해 어떻게 하나님을 알게 되고
어떻게 내 죄를 보게 되었는지,
그래서 '고난이 축복'임을 나누는 것이야말로
세상이 줄 수 없는 신령한 은사입니다.

나를 괴롭히고 힘들게 한 사람은
원수가 아니라, 예수님을 믿도록 한 공로자입니다.
따라서 내가 가장 큰 빚을 진 사람은
바로 내 '원수'라는 걸 알아야 합니다.
나한테 너무 잘해 주는 사람 때문에
예수님을 믿게 되는 경우는 거의 없습니다.
평생 나를 괴롭히는 부모형제, 배우자, 직장 상사 때문에
예수님을 믿게 됩니다.
누구 때문에 믿는다고요?
'평생웬수!'
바로 그 '평생웬수'가 내가 복음의 빚을 갚아야 할 대상입니다.
미워서 버리고 떠나야 될 대상이 아니라
내 생명을 내놓고라도 복음의 빚을 갚아야 할 대상입니다.

착하고 똑똑한 사람이 분별을 잘하는 게 아닙니다.
내 죄 때문에 무너지는 경험을 한 사람이 죄를 분별할 수 있습니다. 사업이 무너지고, 학업이 무너지는 경험을 하면서 내 속의 죄를 깨닫고 나면 타인에 대한 이해도 깊어집니다.

내 만족을 위해 하는 것은 사랑이 아닙니다.
'깨진 독에 물 붓기'와 같은 것이 사랑입니다.

구원을 얻기까지는 내가 한 일도, 할 일도 없습니다.
그런데 구원을 얻은 후에는 할 일이 있습니다.
주님께서 나를 구원하시기 위해 이 땅에 오셨을 때
강요하거나 설득하러 오지 않고
100% 죄인인 나를 위해 죽으러 오셨습니다.
죄로 인해 멀어진 하나님과 나를 화목하게 하시려고
제물이 되어 죽어 주셨습니다.
그래서 다른 사람과의 화목을 이루려면 나도 죽어야 합니다.
그것이 구원받은 내가 할 일입니다.

오래 참음과 관용으로 대하기 힘든 사람이 있습니다.
인내할 수 없는 환경이 있습니다.
그러나 어떤 일에도 하나님은 옳으십니다.
하나님께서 하나님의 뜻으로
나에게 주신 사람과 환경이니, 지금 그 자리에서
하나님의 영광을 나타내면 됩니다.
어떻게 나타낼까요?
말로나 생각으로나 결코 하나님을 대적하지 않으며,
모든 것을 감사함으로 받으면 됩니다.
어떤 상황에서도 하나님의 그릇으로 지어진 내가
얼마나 소중한 존재인지를 깨달으며 모든 것에 감사할 때
하나님의 영광을 담는 귀한 그릇이 됩니다.

흔히들 사랑에 빠지면 일도 손에 안 잡히고,
공부도 못하고, 친구도 못 만나고, 아무것도 못한다고 하는데
그런 사랑은 하지 않아야 합니다.
진짜 사랑은 무엇이든 할 수 있는 것입니다.
사랑 때문에 일도 열심히 하고, 공부도 더 열심히 하고,
다른 사람도 더욱 섬기는 것이 사랑입니다.
사랑 때문에 참을 수 없는 일도 참고, 먹지 못했던 것도 먹고,
사랑 때문에 못하는 일이 없어지는 게 진짜 사랑입니다.
그런 사랑이 나를 살리고 다른 사람을 살립니다.

교회가 위대한 이유는
다양한 사람들이 모여서
다양한 역할을 하고 있기 때문입니다.
어울릴 수 없을 것 같은 사람들,
사랑할 수 없을 것 같은 사람들이
한 몸이 되어 같이 아파하고,
같이 기뻐하는 것이
교회의 능력입니다.

예수님은 상상할 수 없는 사랑과 친절로 악과 원수를 갚으라고 하십니다. 원수를 사랑하라 명령하신 주님은 먹이고 마시게 하라고 사랑의 구체적인 방법을 가르쳐 주십니다. 사랑은 감정이 아닌 행함입니다. 사랑에서 감정을 뺄 수는 없지만 하나님께서는 우리의 사랑이 더 자라기를 원하십니다. 사랑의 감정이 생기기까지 기다리라고 하지 않으셨습니다. 분노의 마음이 없어질 때까지 가만히 있으라고 하지 않으셨습니다. 감정적인 사랑이 생기거든 먹이고 마시게 하라고 하지 않으셨습니다. 그저 주리거든 먹이고 목마르거든 마시게 하라고 하십니다. 사랑은 행함입니다. 필요를 채워주는 것입니다. 먼저 전화하고, 찾아가기만 해도 사랑이 시작됩니다. 내가 잘못을 저지른 상대에게 "미안해요. 용서해 주세요" 한 마디만 해도 사랑의 감정이 살아납니다. 원수 같은 배우자, 자녀에게 따뜻한 밥 한 끼 챙겨 주면서 "맛있게 먹어" 한 마디만 해도 사랑이 살아납니다. 그래서 사랑은 행동입니다. 의지입니다. 사랑이 생기면 돕겠다고 하지 마십시오. 미움이 없어지면 용서하겠다고 하지 마십시오. 그저 빨리 먹이고 마시게 하면 여러분의 인생이 편해집니다.

한 사람의 구원을 위해
우리가 한마음이 되어야 합니다.
좋은 교회는 찾아가는 것이 아니라 만들어 가는 것입니다.
바른 복음이 선포되는 교회,
한 명이라도 구원받는 영혼을 늘리기 위해
온 교인이 한마음으로 움직이는 교회가 좋은 교회입니다.
사람을 귀하게 여기는 교회가 좋은 교회입니다.

믿음은 옳고 그름의 문제가 아닙니다.
옳은 사람, 그른 사람은 없습니다.
강한 사람과 약한 사람이 있을 뿐입니다.
비판보다 중요한 것은 하나님의 마음을 품는 것입니다.
한 사람을 귀히 여기는 마음, 그 한 사람의 구원을 위해
헌신하는 것이 하나님 나라를 이루는 믿음입니다.

교회의 갈등은 먹는 문제처럼 우리가 평범하게 여기는
일에서부터 시작됩니다. 주차 안내, 화장실 청소…
그런 일 때문에 비판과 갈등이 생깁니다.
그것이 사소한 일이라고 무시하고 넘어간다면
하나님의 사업이 무너질 수 있습니다.
"왜 그런 일로 상처를 받고 그래." 이런 말을 할 수 없습니다.
어떤 오해 때문이라고 해도 나 때문에 상처를 받았다면
내가 사랑으로 행치 않았기 때문이라는 걸 깨달아야 합니다.
언제나 민감하게 나의 언행을 살피는 것이 중요합니다.
교회 안에서 만났으니 무슨 일이 있든지
"나 자유 얻었네. 너 자유 얻었네. 우리 자유 얻었네" 하면
얼마나 좋겠습니까. 그런데 "나 자유 얻었네. 너 상처 얻었네"
하는 경우가 너무나 많습니다. 나는 선한 뜻으로 했기 때문에
자유로운데 연약한 누군가는 실족할 수 있다는 말입니다.

온 세상의 인정과 존경을 받아도
예수님으로 이어지지 않는 사명은 공허한 것입니다.
가난한 사람들과 함께하는 것보다 더 위대한 사명은
오늘 내 옆의 사람을 섬기며 구원으로 인도하는 것입니다.
우울증, 알코올중독, 폭력과 가출, 온갖 중독과 질병으로
힘든 가족을 내 십자가로 여기고 순종하는 것입니다.
대소변을 받아내고 무시와 조롱을 받는 비참한 환경에서도
영혼 구원을 위해 힘쓰며 사명으로 나아가는 당신이
어떤 노벨상 수상자보다 위대한 사람입니다.

PART 7

내 인생은
내 삶의
결론이다

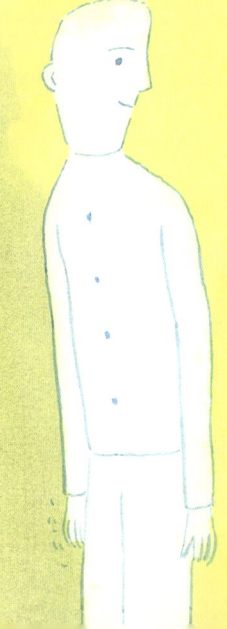

내 것을 포기하지 못하고
내 탐심을 멸하지 못하고
쌓아 놓고 사는 인생은 실패한 인생입니다.
진정 성공을 원한다면
내 것으로 삼고 싶은 자랑과 칭찬을 제해야 합니다.
숨기고 있는 내 욕심과 죄를
말씀으로 발견하고 뽑아내야 합니다.

우리의 모든 두려움은
자기중심적인 생각에서 시작됩니다.
내가 고난과 희생을 감수하기로 결정하면
두려움이 없어집니다.
상황에 따라 내가 부모님을 모시고
형제를 돕고 이웃을 섬겨야 하는데,
내가 희생하기 싫으니까 두려워하고
결정을 못 내리는 것입니다.

내 죄를 보고 악을 떠날 때,
하나님께서 지혜를 주십니다.
내 지혜를 버리고 하나님께 돌이킬 때,
이미 늦은 것 같아도
내 죄를 보기 시작하면 지혜를 주십니다.
문제를 해결할 힘을 주십니다.

우리는 무슨 문제가 생기면 남에게 털어 놓기를 좋아합니다.
기도 부탁을 하면서 곳곳에 내 짐을 나누어 줍니다.
하지만 중요한 것은 하나님만이 내가 의지하고 신뢰해야 할
대상이라는 것을 깨닫는 것입니다.
기도 부탁을 해도 하나님이 이 모든 사건의 열쇠를 쥐고
계신다는 것을 알아야 합니다. 하나님에 대한 신뢰가 없으면
아무리 기도 부탁을 해도 응답 받을 그릇이 못 됩니다.

내가 하나님께 예배만 드리면
육적인 전쟁과 영적인 전쟁을
하나님이 대신 치러 주십니다.
그런데 전쟁을 하나님께 넘기지 않고
내 미움과 원망으로 내가 싸우고,
내가 물리치려니까 죽을 지경입니다.

믿음의 공동체에서
한 사람의 아픔과 죄와 슬픔은
모두의 것입니다.
나 한 사람이 우리 가정을,
우리 교회를, 우리 직장을
전부 살리기도 하고 죽이기도 합니다.

나한테 손해가 올까 봐, 내가 누리던 것을 못 누릴까 봐
상대방 말을 듣는 것은 맹종입니다.
맹종하면 내가 아무리 잘해도 상대방에게 무시를 당합니다.
'나는 아무리 잘해도 무시만 받아' 한다면
그것은 내가 무시받게 행동했기 때문입니다.
상대방을 정말 사랑해서 진심으로
그 사람을 배려하는 마음으로 하는 것이 순종입니다.

길이요 진리요 생명이신 예수님을 믿는데
왜 쉽게 잘못된 결정을 하고 잘못된 길로 갑니까?
나의 육적인 것이 무너지는 겸손,
땅 끝까지 내려가는 경험이 없으면
옳고 그름을 분별할 힘이 없기 때문입니다.
성경은 "너희가 얻지 못함은
구하지 아니하기 때문이요"(약 4:2)라고 하셨습니다.
내가 구하지 않았습니다.
내가 하나님께 묻지 않았습니다.
지금 내 인생의 모든 결론은
나의 잘못된 시작에서 온 것입니다.

상처는 남이 주어서 받는 게 아닙니다.
자기 안의 상처가 해결되지 않았기 때문에
날마다 상처받는 것입니다.

높은 데 쳐다보지 않고 낮은 자리에서도
자기 할 일을 열심히 하고 있으면
나를 비방하는 사람이 없어집니다.
내가 여전히 높은 사람, 잘난 사람들만
찾아다니기 때문에 비방이 있다는 것을
알아야 합니다.

우리가 두려워하지 않을 수 있는 비결은 승리에 대한 확신입니다.
확신은 어디에서 오는 것일까요. 자기 확신에서 올까요?
아닙니다. 자기 부인에서 옵니다. 확신에 차 있다는 것은
자신의 약점과 강점을 잘 알고 있다는 뜻입니다.
자신의 약점과 강점을 아는 것은 자기 부인에서 비롯됩니다.
확신에 찬 사람은 자신의 약점을 알기에 강점을 키울 수 있습니다.
또 상대방의 강점도 키울 수 있게 만듭니다.
상대방의 강점을 위협으로 느끼지 않고 자신의 재산으로 여깁니다.
그런데 날마다 비교와 시기 질투에 사로잡힌 사람들은
상대방의 강점을 위협으로 느낍니다.
영적으로든 육적으로든 상대방이 나보다 나은 것을
인정하지 못하고 두려워합니다.
확신에 찬 사람은 상대방을 수용하고 인정합니다.
상대방에게 자신을 강요하지 않습니다.
그것이 두려워하지 않는 비결입니다.

거절당하는 것에 대한 두려움 때문에
하나님과의 관계에서도 자기 열심을 바칩니다.

억울한 것은 없습니다.
하나님의 일을 하기 위해서, 하나님 나라를 완성하기 위해서
이 땅에서 잘 살아도 감사하지만
힘들게 살아도 감사하다고 생각합니다.
끝이 안 보이는 고난 가운데서 기도하고 회개한 모든 것이
사명으로 연결되기 때문입니다.
다른 사람들을 살리기 때문입니다.
하나님이 주신 것은 선하지 않은 것이 하나도 없습니다.
돈으로 가난의 억울함을 씻고, 성형수술로 외모의 억울함을 씻고,
이혼으로 가정의 억울함을 씻겠다고 생각하십니까?
내가 돈과 외모와 행복의 우상에 빠져 있기에
그런 억울함이 있다는 것을 인정하십니까?

우리가 가진 상처(쓴 뿌리)의 근원은 우상숭배에 있습니다.

서원할 때 우열을 가려서 열등한 것으로 드리려고 하면
결국 둘 다 드리게됩니다.

강한 것을 이 세상의 강함으로 이기려고 하니까
유혹이 오고 시험에 듭니다.
'나도 돈을 많이 벌어서, 나도 공부를 잘해서 이길 테야!'
이렇게 세상의 강함으로 이기려고 하니까 비참한 감정이 들고,
유혹이 오고, 시험에 듭니다.
믿음으로 이기는 것이 진짜입니다.
믿음으로 이기는 것은
하나님의 옳으심을 믿고 인정하는 것입니다.
어떤 일에도 하나님께서 옳으시다는 것을 믿기에
빨리 빨리 포기하고 버리는 것입니다.

저도 그랬습니다.
성경 공부 모임에 나오라고 하면
"시집살이 해 봐요. 그런 데 갈 시간이 어디 있어요!"
믿음으로 순종하느라 그런 것이 아닙니다.
제가 기득권을 포기하지 못해서 그랬습니다.
'시부모님한테 미움 받으면 안 되는데,
남편한테 흠이 잡히면 안 되는데…' 하면서
사람에게 인정받고 싶은 내 욕심과 교양을
내려놓지 못해서 그랬습니다.
믿음을 빙자해서 내가 숨으려고 하는
우상과 기득권은 무엇입니까.

베드로가 "나는 죽을지언정 예수님을 섬기겠다"
고 했을 때,
"닭 울기 전에 네가 나를 세 번 부인하리라"
하신 것은 사랑의 말입니다.
내 힘으로는 할 수 없는 것을,
나는 안 된다는 것을 미리 가르쳐 주신 것이
사랑입니다.

가정 상담을 하면서
먼저 말씀을 들으라고,
예배에 참석하고 공동체에 들어가라고
아무리 권해도 듣지 않습니다.
이혼은 하나님의 뜻이 아니라고
아무리 권해도 "목사님은 몰라서 그런 소리한다"며
전혀 안 듣습니다.
그렇게 안 듣는 사람이 집에 가서 남편 이야기는 듣겠습니까?
본인을 위해서 하는 말도 안 듣기 때문에
이미 진노 가운데 있는 것입니다.
부인이 어떻고 남편이 어떻고 하느라고
하나님 말씀이 들리지 않습니다.
하나님 말씀이 들리지 않을 때
사람의 말도 들리지 않게 돼 있습니다.

우리가 하나님을 불의하다고, 불공평하다고 하는 것은
순종하기 싫기 때문입니다.
하나님은 거룩하시기에 우리도 거룩을 위해서
삶에서 죽어지는 순종을 해야 합니다.
그런데 말씀에 순종하기가 싫으니까
하나님이 옳지 않으시다고 하면서
불의로 진리를 막는 것입니다.

내가 믿음이 좋아서 평강한 게 아니라
나한테는 결코 힘든 일이 안 생긴다는
확실한 믿음(?)이 평강을 가장한 것입니다.
그래서 내가 죄인이라는 말씀에 엎드릴 수도 없고
남을 판단하기에만 바쁩니다.
'나 정도면 괜찮아'가 늘 깔려있기 때문입니다.

누군가를 판단하는 이유는
옳은 말로 판단을 함으로써 자기가 선하다는 것을
과시하려는 욕구 때문입니다.
간음의 죄를 회개하는 간증을 듣고
"난 정말 공감이 안 돼. 어떻게 부인 두고 한 눈을 팔 수 있지?"
하며 말하지만
자신은 간음하고는 상관이 없다는 것,
그것을 내세우고 싶은 맹렬한 욕구가 있는 것입니다.
그래서 이웃을 판단하는 나야말로 하나님의 판단을
받아야 할 대상입니다.

믿음 없는 사람들이 매사에 장담을 잘합니다.
"100일 작정기도만 드려봐. 암도 다 낫게 돼 있어.
40일 금식만 해봐. 당연히 시험에 붙는다니까!"
그런 극단적인 태도로 내가 하나님의 뜻을 좌지우지하겠다는 것이
잘못된 열심의 특징입니다.

미국에서 부정적인 사람과 긍정적인 기질의 사람,
두 부류로 나누어서 25년 동안 연구를 했다고 합니다.
그런데 평균 수명이 7년 반이나 차이가 났습니다.
사람마다 약점이 있기 마련인데 상대방의 약점을 물고 늘어지는
부정적인 사람은 건강이 치명적으로 손상된다는 결과가
나왔습니다. 교회 안에서도 서로 약점이 용납이 안 돼서
병든 목사와 교인들이 많습니다.
사랑보다 힘든 것이 용서입니다.
누군가를 용서하고 이해해야 건강한 공동체로 건강한 사랑을
나눌 수 있습니다. 하나님께서는 우리의 약점을 사용해서
우리 각자에게 두신 하나님의 뜻을 이루십니다.
그런데 내가 형제의 약점을 용납하지 못한다면
하나님의 영광을 막는 것입니다.

최고의 복수는
용서하고
잊어버리는 것입니다.

속인 사람보다 속은 사람이 더 악합니다.

상처가 많은 사람일수록 이를 악물고 모든 것을 쟁취하려 합니다.
못 먹고 못 산 것, 무시당한 것이 한이 돼서 반드시 뭔가
이루겠다고 고시 공부에도 매달립니다.
그러나 올바른 가치관이 갖춰지지 않으면 아무리 성공을 해도
자기 상처를 가지고 다른 사람 상처 주는 데 쓰게 돼 있습니다.

가장 큰 악은 말씀을 보지 않고 지키지 않는 것입니다.
큐티도 안하고, 성경도 안 읽고, 기도도 안하는 것은
심히 악을 행하는 것입니다.
도덕적인 죄보다 하나님의 말씀을 모르고
내 마음대로 살아가는 것이
더 큰 죄라는 것을 알아야 합니다.

사람에게는 생명의 능력이 없습니다.
사망의 능력만 가지고 있습니다.
그래서 가만히 내버려두면
누구든지 멸망으로 달려가서 모든 것을 망칩니다.
일을 잘하는 능력은 아무나 가지고 있는 게 아니지만
방해하는 능력은 누구나 가지고 있습니다.
이것이 인간의 죄성(罪性)입니다.

그리스도인은 돈이 아무리 많이 생기고
승진과 출세가 보장된다해도
구원과 상관없는 일은 안 해야 합니다.
할 수가 없어야 합니다.
더욱이 생명을 해치고,
복음에 훼방되는 직업이라면 단호하게 내려놓아야 합니다.
직업의 종류가 선하고 악하다는 것이 아닙니다.
어떤 직종에서 어떤 업무를 하든지 생명을 위한 일인가,
다른 사람을 해치고 죽이는 일인가 생각해 보아야 합니다.

내 열심이 하나님의 열심을 앞서는 것도 문제이지만,
지체하는 것도 문제입니다. 모태 신앙이라고,
교회만 출석한다고 해서 해결될 문제가 아닙니다.
거의 합격은 불합격입니다.
육적으로 게으른 것도 문제이겠지만
영적으로 게으른 사람들이 있습니다.
영적으로 게으른 사람은 어떤 사람입니까.
성경공부 열심히 했습니다. 기초 교리, 전도 폭발, 큐티 훈련…
다 받았습니다. 그런데 사건이 왔습니다.
사업이 부도나고, 남편이 바람을 피웠습니다.
아니면 바라던 일이 이루어져서 승진을 하고
아이가 대학에 붙었습니다.
그럴 때 멍~ 해지면서 무엇을 어떻게 해야 할지
모르는 사람이 영적으로 게으른 사람입니다.
좋으면 좋아서, 힘들면 힘들어서 널브러져 있는 것이
영적 게으름입니다.

날마다 순간마다 선택과 갈등의 문제가 우리 앞에 놓여 있습니다.
하나님을 믿고 그 말씀대로 살려고 해도 옳고 그름의 문제에
매여 있습니다. 어떻게 답을 찾아야 할까요.
"믿음으로 좇아 하지 아니하는 모든 것이 죄니라"(롬 14:23)
이것이 정답입니다. 주일에 교회에 못 올 수도 있습니다.
예를 들어 가족이 사고를 당했다거나, 교회에 오는 것보다
삶의 현장에서 순종해야 할 때가 있습니다.
교회에 나오지 못했어도
믿음으로 적용한 것이라면 자책할 필요가 없습니다.
믿음이 아닌 나의 게으름과 욕심으로 안 오기 때문에 죄책감을
가지고 '거봐. 주일에 교회에 안 갔더니 나쁜 일이 생겼잖아' 하는
이런 비상식적인 생각을 하는 겁니다. 하나님은 율법이 아닌
믿음으로 우리를 판단하십니다. 믿음으로 하는 것은 모든 것이
가(可)한 것입니다. 그러나 믿음으로 하지 않는 것은 어떤 것도
죄가 됩니다.
결혼하는 것이 옳다 그르다는 없습니다.
결혼을 해도 믿음으로 하지 않으면 죄입니다.
결혼을 안 하고 독신으로 살아도 믿음으로 하지 않으면 죄입니다.
믿음으로 취직도 해야 하고,
믿음으로 이사도 해야 하고,
믿음으로 공부도 해야 합니다.

"네가 어떻게 이럴 수가 있냐. 네가 그럴 줄은 정말 몰랐다!"고 하는 것이 얼마나 미련한 말인지 모릅니다. 인간은 100퍼센트 죄인입니다. 돈과 외모와 지위를 갖추고 나면 당연히 악과 음란으로 이어집니다. 그런데도 "남편이 바람피울 줄 몰랐다", "사업이 망할 줄 몰랐다"고 하는 것은 정말 어리석은 말입니다. "네가 그럴 줄 몰랐다"고 하는 말은 "나는 바보다", "나는 교만하다"고 하는 말과 똑같습니다. 하나님을 모르는 배우자와 자녀는 악과 음란으로 갈 수밖에 없습니다. 그들이 하는 일이 아니라 사탄이 꾀를 내서 하나님의 역사를 훼방하려고 하는 것입니다. 그럴 때 사탄의 꾀를 폐하려면 내 죄를 먼저 깨달아야 합니다. 배우자가 나를 배반하는 것은 그의 구원보다 나한테 잘해 주는 것만 원했기 때문입니다. 자녀가 문제를 일으키는 것은 믿음을 넣어 주기보다 성적과 학벌만 좇았기 때문입니다. 모든 것이 내 삶의 결론입니다. "그럴 줄 몰랐다"는 말은 그만두고 "미안하다"는 말을 해야 합니다. 믿음보다 돈과 성공이 우상이었던 내 죄를 인정하고 내 잘못이다, 미안하다고 고백할 때 사탄의 꾀가 폐해지고 구원의 역사가 시작됩니다.

하나님의 일을 하는 사람은 실패를 염려할 필요가 없습니다.
하나님의 일은 하나님이 이루십니다.
나는 그 인도함을 잘 따라가면 됩니다.
그런데 왜 낙망하고 부들부들 떨고 있습니까?
성공과 실패는 하나님께서 결정하시는 것인데
내 잣대로 성공과 실패를 가늠하고 있으니
낙심하고 원망이 됩니다.
내 속의 비교와 시기심에 몸살을 앓습니다.
믿음으로 헌신했다고 하면서도
사람에게 인정받으려고 하기 때문에
조금만 공격을 받아도 마음이 지옥입니다.

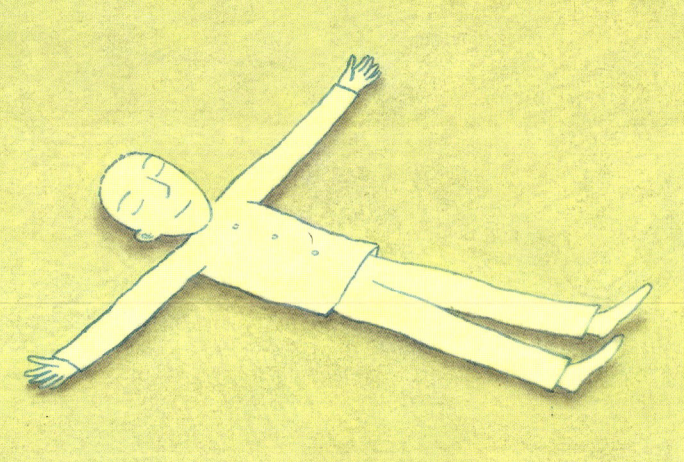

PART 8

인생의 목적은 거룩이다

나의 구원 이야기를 날마다 반복하는 것이
우리의 구속사이고, 우리의 간증입니다.
나의 출애굽 이야기는 죽을 때까지 날마다 해도 부족합니다.
툭 치면 나오는 나의 출애굽 간증이 있어야 합니다.

나의 거룩을 이루어 가기 위해
내가 몸부림치는 것이 아니라
하나님께서 몸부림치십니다.

호랑이와 싸우는 데
교양은 필요하지 않습니다.
피 흘리면서 싸우는 것밖에 없습니다.
전도도, 큐티도 치열한 영적 싸움입니다.

교만은 하나님에 관한 모든 것을 잊게 만듭니다.

배부르고 교만한 마음이 우상숭배의 근원입니다.

하나님의 명령을 듣는 인생이 복된 인생입니다.

영적인 이야기는 가장 구체적이고
실제적인 이야기입니다.
인간의 본능을 제외하고 거룩만 이야기하면
실체가 되지 못합니다.

우연히, 병들어서, 늙어서 죽는 것이 아닙니다.
우리가 죽는 것은 하나님께서 주신 사명이 끝났기 때문입니다.
제 남편이 급성간암으로 하루 만에 떠난 것도
우연히 간 것이 아니었습니다.
병으로 간 것이 아니었습니다.
남편에게 주신 이 땅에서의 사명이 끝났기 때문입니다.
또한 남편의 죽음을 통해
저에게 이루실 사명이 있었기 때문입니다.

날마다 하나님의 말씀을 묵상하는 큐티는
내 욕심을 하나하나 가지치기해 가는 과정입니다.

최고로 믿음 좋은 사람은
하루 24시간을 잘사는 사람입니다.
남편이 바람을 피웁니까?
자식이 집을 나갔습니까?
사랑하는 가족을 잃었습니까?
그렇다면 내가 할 일은 잠 잘 자면 됩니다.
밥 잘 먹고, 늘 하듯이 아침에 일어나서 큐티하면 됩니다.
그럴 때 나의 길이 평탄할 것입니다.
누구도 누리지 못하는 형통을 누리게 될 것입니다.

현재가 선물입니다.

때를 아는 것이 큰 지혜입니다.
신앙은 '때'를 아는 것이라고 해도 과언이 아닙니다.
때를 아는 사람,
그래서 자신이 설 자리와 안 설 자리를 구분하는 사람이
매력 있고 지혜 있는 사람입니다.

바위가 낙숫물 한 방울 한 방울에
의해서 깨어지듯이
하나님의 시간을 기다리십시오.
단,
하나님의 시간을 내 기준으로
계산해서는 안 됩니다.

예배가 회복되어야
모든 것이 회복됩니다.
예배를 사모하고,
예배가 기다려지고,
예배에 기쁨과 감격이 있을 때
하나님의 말씀이 능력이 됩니다.

가장 큰 축복은
말씀이 깨달아지는 것입니다.

내 인생에 찾아오는 모든 전쟁은
내 전쟁이 아니고,
하나님의 전쟁이기 때문에
세상의 방법이 아닌
하나님의 방법으로 싸워야 합니다.
인간이 죽는 것은 칼과 총에 의해서가 아니라
하나님의 섭리에 의한 것입니다.
우리 인생은 하나님의 말씀,
언약궤를 중심에 두고 싸우는 전쟁입니다.
소총, 장총 들고 싸우는 것이 아니라,
제사장의 나팔 소리를 들으며
찬송과 기도와 말씀으로 싸워
이겨야 합니다.

기도하고 또 기도해도 달라지는 것이 없습니까?
막막하게 하나님의 응답을 기다리며 침묵하고 잠잠히 있으려니
억울하고 슬픕니까? 여리고 성은 단 하루의 외침으로
무너진 것이 아닙니다. 엿새 동안 성벽을 돌고 또 돌았던
침묵의 기도가 철벽 여리고를 조금씩 무너뜨린 것입니다.

이 시대의 순교는 혈기 부리지 않고
주님 말씀에 순종하며 하루하루 살아가는
것입니다.

의과 대학에서 공부를 잘했다고
갑자기 위중한 환자를 맡긴다면 수술을 잘하겠습니까?
오랜 시간 실전 경험을 쌓고 삼만 번 이상 수술을 해야
명의가 되는 것입니다.
영적인 것도 마찬가지입니다.
교회 오래 다니고 성경 공부 많이 했어도
말씀을 삶에 적용하고 순종하는 훈련이 되어 있지 않으면
아무 소용이 없습니다.
환난이 주제가 되고, 성경이 교과서가 되고, 성령이 스승이 되어
실전을 치러야 하는 것입니다.

40일 기도해서 대학에 붙었다고,
40일 기도가 전통이 돼서는 안 됩니다.
"내가 어느 기도원에 가서 기도했더니 사업이 잘됐다" 해서
그 기도원이 전통이 되면 안 되는 것입니다.
오직 예배와 말씀 자체가 우리의 삶에 감격이 되어야 합니다.

평범한 삶을 잘 사는 것이
가장 비범한 삶을 사는 것입니다.

술, 담배, 남자, 여자 다 못 끊어도 괜찮습니다.
예배만 드리러 나오십시오.
술, 담배, 남자, 여자 못 끊었다고 천국에 못 가는 것이 아닙니다.
교회에 나오기만 하십시오.
못 끊는 가족, 동료가 있다면 "끊어라, 끊어라" 하지 말고
예배에 데리고만 오십시오. 술 드시고 오셔도 좋습니다.
담배 피우고 오셔도 좋습니다. 예배에 나오기만 하십시오.
그렇게 해서 저절로 끊게 된 분들이 우리 교회에도 많습니다.

"너희가 내 안에 거하고 내 말이 너희 안에 거하면
무엇이든지 원하는 대로 구하라 그리하면 이루리라"(요 15:7)
이것이 100% 응답받는 기도입니다.
예수님은 너희가 무엇이든지 구하면 이루리라고 하십니다.
그런데 선행 조건이 무엇입니까?
"내 말이 너희 안에 거하면"입니다.
하나님의 말씀대로 구하십시오.
그러면 100% 응답을 받을 수 있습니다.

숨겨진 죄는 공개된 죄보다 발견하기 어렵고,
제거하기 어렵고,
스스로 드러내기는 더더욱 어렵습니다.
그러나 하나님께 택함받은 사람이라면
스스로 숨긴 것을 드러내야 합니다.
하나님과 자신만이 알고 있는 죄라고 할지라도
감추려고 해서는 안 됩니다.
죄를 숨기면 형통할 수 없기 때문입니다.
반드시 공개적으로 오픈하라는 이야기가 아닙니다.
먼저 하나님께 자백하고,
그 다음 믿음의 공동체에 자백하고
도움을 받아야 합니다.

서로가 서로의 죄를 오픈할 때
죄가 그 힘을 잃고 능력을 잃습니다.

나의 죄를 오픈하면
나도 살리고 남도 살리는 회복의 약재료가 됩니다.

모든 죄를 진정으로 오픈하지 않을 때,
죽음에 이르는 지옥의 고통이 따릅니다.

믿음이 없으면
믿음의 공동체에 붙어만 있으십시오.
저절로 가지는 게 있습니다.

혼자서는 절대 할 수 없지만,
공동체가 항오를 이루며 띠 두르고 함께 갈 때
불가능한 것도 가능하게 됩니다.

우리는 말씀 보는

구조 속으로 들어가야 합니다.

신앙의 지표는 얼마나 빨리 포기하느냐에 있습니다.
그러나 일 년이 가도, 십 년이 가도
포기하지 못하는 것이 있습니다.
이 때문에 우리는 날마다 지옥의 시간을 보내는 것입니다.
힘든 사건이나 우울한 감정을 겪을 때
회복하기까지 얼마나 시간이 걸립니까?
혹시 포기하지 못하는 욕심과 집착 때문에
마음이 상하고, 몸이 상하지는 않습니까?

우리가 성장하기 위해서는
성경을 이론으로만 알아서는 안 됩니다.
사소한 것이라도
말씀을 실제 삶에 적용하는 것이 중요합니다.
그것이 큐티의 의미입니다.
큐티는 단순히 시간을 내서
말씀을 읽고 기도하는 것이 아니라,
말씀을 통해 내 죄를 발견하고,
그 죄를 날마다 제하는 것입니다.

안식은 용서의 확신에서 시작됩니다.
어떤 죄도 예수 그리스도의 십자가로 인해
사함을 받았다는 확신,
바로 내가 주님께 용서받았다는 확신이 우리에게 안식을 줍니다.
"누가 능히 하나님께서 택하신 자들을 고발하리요"(롬 8:33).
십자가의 죄 사함을 믿는 우리에게는 결코 정죄가 없습니다.
자신도 남도 정죄하지 않습니다.
그러므로 과거에서 자유하고, 현재를 기쁘게 살며,
미래를 준비하는 것이 안식의 삶입니다.

문제에 대한 대답은 많지만, 정답은 하나입니다.
많은 대답을 끌어안고 확인하면서 살 것이 아니라
한 가지 분명한 정답으로 살아야 합니다.
정답을 더 깊이 알아가는 데 생(生)을 보내십시오.

교회 안에서는 가르치는 자가 되지 않으면
배우는 자가 되어야 합니다.
부족하고 무식한 말이라도 그리스도를 드러내는
간증이 있든지, 겸손히 듣고 따르든지
둘 중 하나입니다.

"옳소이다" 하는 사람이
가장 겸손하며 능력 있는 사람입니다.

사도로 부르심을 입은 사람에게는
자기 의견이란 없습니다.

예수님을 믿는 나는
영적 체험을 하는 육적 존재가 아니라,
육적 체험을 하는 영적 존재입니다.

끊지 못하는 중독과 유혹이 있습니까.
그렇다면 날마다 큐티하십시오.
매일 공급하시는 하나님의 말씀이
우리를 새롭게 하며 회복하는 데
필요한 힘을 줄 것입니다.
큐티는 우리의 약함을 강하게 하는
'중독 치료소'입니다.

전쟁에서 이기는 가장 강력한 비결은
한결같은 겸손으로 하나님께 묻고 의지하는 것입니다.

전 세계가 나로 인해 은혜를 받아도
멈춰야 할 때가 있습니다. 그 멈춤에 순종할 때
나의 죽음도 실패도 가장 아름답게 빛날 것입니다.

하나님이 외롭고 힘든 나를 위로하신
최고의 방법은 나에게 비전을 주신 것입니다.

우리 중에 하나님의 '손자'는 없습니다.
모두가 하나님의 '자녀'입니다.
목사, 장로가 만난 하나님이 아니라
나의 하나님을 찾고 만나고
인격적인 교제를 가져야 합니다.

영적인 사람은
경건한 사람이 아니고
편안한 사람입니다.

거리의 신호등을 보면 파란불은 가라는 신호이고,
빨간불은 멈춰 서라는 신호입니다.
달력에 주일이 무슨 색으로 표시돼 있습니까?
빨간색입니다.
빨간불은 반드시 서야 합니다.
신호를 무시하고 가면
비극적인 결말을 맞게 됩니다.
주일에 나가서 일하면 천만 원을 버는데,
주일을 지키느라 백만 원밖에 못 번다고 해도
주일을 지켜야 합니다.
그것이 훨씬 복된 일이며 우리의 영을 살리는
일입니다.
구약의 율법에 가장 무섭게 경고한 것이 있는데
안식일을 거룩히 지키라는 것입니다.
주일을 쉬는 날 정도로 생각하면 안 됩니다.
주일은 하나님께 예배드리고, 섬기고, 봉사하고,
일대일 양육을 받으며 하나님께 온전히 시간을 드리는 날입니다.
그것이 믿는 사람에게 기쁨이요 참된 안식이 됩니다.

안식은 요동함이 없이 움직이지 않는 것을 의미합니다. 저는 수많은 전쟁을 거치면서 제 마음에 감정의 요동이 없어졌습니다. 망한다고 해도 결코 요동하지 않을 자신이 있습니다. 왜냐하면 하나님을 신뢰하기 때문입니다. 부활의 주님은 죽음을 이기시고 가장 먼저 평강을 선물로 주셨습니다. 삶에 파도가 밀려올 때 부활의 주님을 붙들고 안식하시기 바랍니다. 안식할 때 평강이 찾아옵니다.

평강은 말씀으로
사건이 해석될 때
찾아옵니다.

하나님이 갑자기 나를 택하신 것이 아닙니다.
만세 전부터 아브라함을 택하신 하나님은 나도,
우리도 만세 전부터 택하셨습니다. 그때부터 하나님은
나와 내 집안에 대해 관심을 가지고 일을 시작하셨습니다.
하나님은 여러분을 지구가 태어나기도 전에 만나시고,
알고 계셨습니다.

내가 버리지 못하니까
단계적으로 조금씩 버리게 해주시는 것이 성도의 행전입니다.
때로는 주님 때문에 가족을 버려야 하고,
때로는 직업을 버리고, 때로는 학벌을, 때로는 명예를,
때로는 재물을, 때로는 생명을 버릴 수 있는 것이
성도의 인생입니다.
그런데 내 힘으로는 못 버리기 때문에,
고난의 사건을 통해 가야 할 곳을 안 가게 하시고,
먹어야 할 것을 안 먹게 하십니다.

직분을 가졌다고 해서
믿음까지 성숙한 것은 아닙니다.
성경을 많이 읽고
날마다 빽빽하게 큐티를 해도
중요한 것은 삶입니다.

다윗이 왕이고, 대단한 용장(勇壯)이고, 음악가고, 시인이고,
눈이 붉고 용모가 빼어났다고 해도 다윗의 가장 위대한 점은
죄를 깨달은 것입니다. 자신의 연약함과 죄성을 인정하고
스스로에 대해서 절망한 것입니다. 그래서 하나님만이 자신의
죄를 사하시고 가리우시는 분임을 깨달았습니다.
깨달음에 그친 것이 아니라 자기 죄를 인정하고
시편의 수많은 노래를 통해 낱낱이
자신의 연약함을 고백했습니다.
사람의 행복이 여기에 있습니다.
다윗은 왕으로서 수치가 드러나고
그것을 인정하는 것이 죽기보다 힘들었겠지만,
그것이 그에게 축복임을 알았습니다.
진짜 지옥에 안 가도록 막으시는
하나님의 사랑임을 알았던 것입니다.
무서운 전염병에 안 걸리기 위해서 예방 주사를 맞는 것처럼,
망하고 병들고 아파서 내 죄를 깨달을 수 있다면,
그래서 주님을 만나고 하나님께 의롭다 여김을 받는다면
그보다 큰 복이 없습니다.

어떤 분야에든 전문가가 있습니다.
우리는 말씀에 전문가가 되어야 합니다.
그렇지 않으면 복음으로 사람을 살릴 수가 없습니다.
구원의 길로 인도할 수 없습니다.
성경이 있으면 의학 지식이 없어도
누구나 사람을 살리는 전문가가 될 수 있습니다.
육신의 생명을 살리는 데는 의학이 필요하지만,
영의 생명을 살리는 데는 하나님의 은혜만이
필요하기 때문입니다.

전도는 학벌이 부족해서 못하는 게 아닙니다.
신학을 안 해서 못하는 게 아닙니다.
인변이 없어서 못하는 게 아닙니다.
전도는 스스로에게 '예수님을 구주로 영접했는가',
'날마다 주님과의 만남이 있는가' 하고 질문을 하는 데서
비롯됩니다. 전도하러 가서 내가 만난 하나님을
간증할 수 있다면 50%는 된 것입니다.
그리고 영혼 구원을 향한 열정이 있다면
나머지 50%는 자동으로 채워질 것입니다.

우리 인생의 목적은, 결혼의 목적은
행복이 아닌 거룩입니다.
행복을 좇아 살면 불행해지고
거룩을 위해 살면 행복이 찾아옵니다.

저의 시집살이 간증, 남편의 구원 간증에
무슨 대단한 능력이 있겠습니까? 세상 사람에게는 위로는커녕
무시만 받을 이야기입니다. 그러나 때마다 말씀으로
저의 환경을 해석해 주셨기에 저의 간증이 다른 사람을 위로하고
살리는 능력이 되었습니다. 사명 없이 이 세상에 온 사람은
아무도 없습니다. 고난 속에서도, 기쁨 속에서도 거기에서
하나님의 역사를 이루도록 내 현재의 이유를 깨달아야 합니다.
내가 깨달은 사명으로 훼파된 사람들을 찾아가고 위로할 때
구체적인 응답과 전도의 열매들이 우리 삶에 이루어집니다.

예수님 믿는 지금이 가장 행복한 축복입니다.

깨뜨려질 세상을 부러워할 이유가 없음을
깨닫고 당당해지십시오.

큐티가 어렵다고 하는 분들을 자주 봅니다.
큐티는 쉬운 것도, 어려운 것도 아닙니다.
큐티는 매일 하나님과 대화하고 교제하는 시간입니다.
사랑하는 사람과 교제하면서 그것이 쉽다, 어렵다 말하는
사람은 없을 것입니다.
날마다 하나님이 나에게 어떤 말씀을 하시는지
집중해서 듣는 것이 큐티입니다.
내게 주시는 하나님의 음성을 듣고, 그대로 적용하고,
기도하며 실천하는 것이 큐티의 원리입니다.

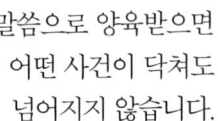

말씀으로 양육받으면
어떤 사건이 닥쳐도
넘어지지 않습니다.

예수님을 믿고 달라져야 하는 것
첫째가 시간 사용입니다.
수고하며 열심히 살아도
우리에게 주어진 인생의 시간은 짧고 허무합니다.
부와 지혜의 상징인 솔로몬도
"헛되고 헛되며 헛되고 헛되니
모든 것이 헛되도다"(전 1:2)라고 했습니다.
참된 것은 오직 예수 그리스도뿐이기에,
예수님과 상관없는 시간은 모두 헛된 것입니다.
시간은 생명이고 생명은 예수 그리스도이기에,
시간을 함부로 쓰는 것은 예수님을 천히 여기는
것입니다.

저는 아픈 환자를 찾아가건, 장례식에 가건,
유명한 박사나 사장님을 만나건
'나의 간증'이 있기 때문에 할 말이 있습니다.
특히 장례식이나 병원에서
힘든 사람들을 만나면 누가 자리를 마련해 주지 않아도
말씀을 전하고 그들을 위해 기도합니다.
구원의 간증을 가진 사람은 언제 어디서나
사람들에게 감동을 주고 도전을 줄 수 있습니다.
목사라서, 신학을 해서, 직분이 있어서 하는 게 아닙니다.
성경 지식이 부족해도
'하나님의 선한 손이 나를 도우신 이야기', 그것만 전하면 됩니다.
하나님의 도우심을 경험한 사람이라면 누구나,
어느 자리에서나 감동과 도전을 줄 수 있습니다.

큐티는 성도 개인이 하나님의 말씀을
묵상하고 기도하는 경건의 시간입니다.
그러나 혼자 큐티 생활을 하는 것보다
그것을 공동체에서 함께 나눌 때 더 큰 능력이 나타납니다.
혼자 성경을 묵상하는 것은
자칫 내 생각과 감정에 치우칠 위험이 있습니다.
그런데 공동체에서
"나는 이 말씀을 묵상하면서 이것을 깨달았다.
이렇게 적용했다"고 나누면 그런 위험이 적어집니다.
은혜도 함께 나누고, 실수도 함께 나누면서 개인의 큐티가
공동체에서 검증이 되는 것입니다.

큐티의 꽃은 적용이고,
결론은 감사입니다.

큐티는 성경을 지도로,
십자가를 길로 놓고 가는 순종입니다.

말씀이
들리는
나는
수지맞은
인생입니다.